金融機関担当者のための病医院の事業承継とM&A講座

税理士
鈴木 克己 著

税務経理協会

はじめに

一般事業会社と同じように病医院の事業承継（以下、「医業承継」とします）の対応も待ったなしの状況になっています。

実際のところ、私たちの事務所にも医業承継や認定医療法人、M＆Aなどのご相談が増えています。

また、本当に有難いことに、医業承継をテーマにした各種雑誌への寄稿やインタビューなどの機会を頂戴し、それらのことをきっかけに、金融機関の皆様向けに勉強会やセミナーの講師をさせて頂くこともたくさんありました。

勉強会やセミナーでは、税などの取扱いだけでなく、医業承継の支援の過程で私たちが得られた実務経験に基づく具体例をお話することを心掛けてきました。

勉強会やセミナーは、それをきっかけに金融機関の方々とお仕事のお付き合いが始まることもたくさんありましたし、金融機関の医業承継に対する姿勢や取り組みを知ることもあり、私にとっては大変意義のある活動でした。

しかしながら、私自身、以前、税理士試験向けの専門学校の講師をしていた経験もあって、いざ、お話するとなると少しでも分かりやすく伝えたいという本能が働いてしまい、資料の準備などに時間をかけてしまうことが多かったのですが、最近、いわゆる本業の部分で時間を取られることが多く、今後の対応についてどうしようか悩んでいたときに金融機関の皆様向けに医業承継に関する入門書をというご提案を受けました。

今後の対応について悩みはじめていた時期と重なったこともあって、私の中で「講義録」というコンセプトに至りました。

そのため、本書は実際に使用したレジュメを用いて、出版社のご担当の方相手にその内容をお話し、それを原稿の形に仕上げていくという作業を繰り返し行いました。ですから、カチカチの固い文章ではなく、相当程度話し言葉が混じっておりますし、入門書ですので専門用語の解説については、できるだけ砕けた表現を用いています。

そういう意味で、本書は医業承継に関して私がご提供してきた勉強会やセミナーの内容そのものです。

医業承継においては金融機関の皆様が果たされる役割は小さくありません。その意味で本書が金融機関の皆様がお客様の抱える医業承継の課題と対峙する際の入門書としてお役に立てるのであれば、大変嬉しく思っています。

最後に本書のご提案を頂戴し、講義録というわがままなコンセプトを取り入れて頂いた税務経理協会の吉冨様、野田様、原稿のチェック等を手伝ってくれた事務所スタッフに心から感謝致します。

2020年2月

鈴木　克己

目　次

序章　医業の承継をお手伝いするということ

医業の事業承継に取り組む際のスタンス

私は税理士であって、ドクターではありません。私が直接、病気や怪我をしている方のケアをするわけではありません。しかし、心あるドクターをきちんと支援させていただき、間接的ではあれ、医療に貢献できること、そこに私のミッションがあり、喜びがあります。

医療の世界では、医療法人という制度自体が新しいこともあり、いわば「老舗」と言われるようなブランドがまだほとんどありません。

地域に根差した心ある先生方の診療所が次の代に受け継がれて、その心が受け継がれて、地域の方々もそこにかかれば健康が受け継がれて…といったような状況が実現できたら。でも、承継には税金が絡むので、その負担を極力軽減できるように応援したいというスタンスで医業承継には取り組んでいます。

大げさな話かもしれませんが、100年病院、100年診療所をつくるお手伝いをしたいと思って、医業承継をお手伝いしています。

患者さんから信頼されるドクターは経営的にも安泰する

「いい先生」を応援したいと思います。では、「いい先生」って、どういうドクターでしょうか。

私は、結局のところドクターのお人柄だと思っています。患者さんに対する接し方、業者さんに対する接し方、もちろん私に対する接し方、すべてにその方のお人柄は表れてきます。心あるきちんとしたドクターの築き上げたクリニックを、きちんと次世代に円滑に引き継げるように支援したいのです。抽象的ですが。

儲かっているかどうかも重要です。しかし、よく考えれば、地域の患者さんがそのドクターに厚い信頼を置いているから、患者さんが集まるわけです。そのことが、この世界にずっといると、実感としてわかってきます。このドクターは患者さんに信頼されるだろうな、間違いなく儲かるだろうな……ということがわかってきます。

ちょっと乱暴な言い方ですが、ドクターは、「先生」扱いにある意味で慣れてしまう方々が多いのですが、その立ち位置をきちんと開業時に切り替えることができて、患者さんに親身に向き合うことができるドクターは、まず間違いないです。これからますますSNSなどの口コミの影響が大きくなるなかで、開業のタイミングで意識を切り替えられないドクターは、だんだん厳しくなっていくでしょう。昔は、「開業すれば絶対大丈夫」というのが常識でしたが、もはやそういうわけにはいきません。

患者さんが「家から近いから」通ってくれる、そういうケースは今後も残るでしょうが、そのウエートは減ってくるのではないでしょうか。ドクターのお人柄や、そのドクターを中心としたスタッフの方々の人柄、病医院の雰囲気というものをだんだん見るようになると思います。

以前は、診察にかかる費用については本人は1割負担で、自己負担がほとんどありませんでした。ですから、「先生に診てもらっている」というのが患者さんのスタンスだったわけです。ところが今は基本3割負担になって、自己負担が増えましたから、患者さんは、サービス的側面（ホスピタリティ）を求めるようになってきていると考えられます。患者さんの財布から、例えば糖尿病であれば1回何千円かを出す。安くはないので、「払っている」という意識が強くなります。そうすると、「お金を払っているんだから、それなりのサービスを提供してもらわなかったら困る」ということになります。

昔のように、偉そうな態度を取る、患者さんと目も合わせないというようなドクターは、選ばれなくなっていくように思います。クリニックも少し競争の概念というのが出てくるのではないでしょうか。

患者さんのために努力するドクターを応援したい

患者さんの信頼を得られるように努力し、自己研鑽を積んで、一生懸命やっているドクターはちゃんといらっしゃいます。そういう方のつくったクリニックや病院をきちんと次世代に渡したい。そのためのお手伝いをしたい。それが結果として、１００年病院、１００年診療所とか、いわゆる老舗と言われるようになるといいなと思います。

だから、あまり節税アプローチだけを重視するドクターは、ちょっと合わないなということもあります。われわれ税理士が提供できる価値は、税金に関する部分ですので、それはもちろん大事ですが。

本当に応援したいドクターは、やっぱり患者さんのために努力するドクターです。

第1章　病医院が直面する後継者問題

後継者に病医院を承継する悩み

1　後継者がいても簡単ではない

医業の承継は、他業種とどう違う？

病医院、すなわち医業の承継は、一般の事業会社の承継とは異なる、医業ならではの留意点がいくつもあります。

医業を継ぐ場合の後継者は基本は医師又は歯科医師でなければなりません（本書では、「ドクター」と呼びます）。これが一般の事業会社と異なる最大のポイントです。

国家試験を通過した資格者から資格者への引き継ぎであるということが、単に親から子に引き継ぐということ以上の難しさを生んでいるように思います。承継が行われる前から、子が既に独立したプロフェッショナルとして責務を負っていますから、方向性や方針の違いが浮き彫りになりやすいのでしょう。

また、医療技術の進歩のスピードは目を見張るものがあります。親の世代が医療の知識や技術を身に着けた時期と子の世代のそれでは20～30年のズレがあり、治療のアプローチは大きく変化しています。これも方針の違いを生む一因になっているといえるでしょう。

医業の承継を円滑に進めようとすると、その方針の違いを調整し、擦り合わせをしながら引継ぎを進めていかなければなりません。ある意味で人間的な、感情面も含めた擦り合わせの要素が強くなってきます。親子それぞれのプライドにどう折り合いをつけていくかという場面もあるでしょう。

確かに経営に関する考え方や方針の違いというのは、他業種でも存在するハードルではありますが、私の印象では、医業の場合には他業種よりもその傾向が強いように思います。

そして、もうひとつ特徴を挙げるとすれば、ドクターは富裕層であること、富裕層の承継であるということでしょう。ドクターは富裕層の代表格ですので、承継に当たっては相続や相続税の問題を避けては通れません。財産があるからこそ、どのように分割するかといういわば「争族」対策も必ず必要になります。お子さんが2人いて、1人がドクターで親の医療機関を継ぐのであれば、もう1人にはどのように資産を渡すのか。親の医療機関が1つで、2人の子供が両方ともドクターであればどうするのか。一般の会社であれば、長男が東京本社の社長、次男が専務として大阪支社を見るなんていうことも可能ですが、医業の場合には、そういった選択肢は採りにくいと言えます。

置き去りにされがちな事務方の承継

医業の承継では、もちろん後継者となるドクターをいかに育てて確保するか、ということが重要です。

しかし、その一方で、診療所でも病院でも、事務の機能を担う人々も次世代に引き継がなければならないということが、忘れられ、置き去りにされることがよくあります。事務というのは、一般の事業会社でいえば、人事や経理、総務といった管理部門の業務のことです。診療所であればドクターの奥さんが担うことが多く、病院であれば事務長という役職名が付いている人が担うケースが一般的です。

病医院を運営するうえでは医療行為、すなわち診療を担うドクターの存在が必須であり、組織のヒエラルキーのトップもドクターです。そのため、診療が最も重視される反面、事務機能は軽視されてしまう傾向があります。その結果、ドクターである後継者を確保することばかりに目が行き、事務長の後継者についてはエアポケットのようにまったく考えていなかった、ということが起きるわけです。

典型的なパターンでは、病院で理事長と事務長が同世代で、長年、二人三脚でやってきたというケースです。理事長は息子さんに代替わりしたけれども、事務長は同じ人のまま。世代が違い、苦楽を共にしてきた経験もない新理事長と事務長の間では、どうしても価値観の違いが軋轢を生みがちです。息子さんは、こういうドクターを招聘したいとか、新しい医療機器を導入したいとか、自分のカラーを出したいが、古参の事務長は納得しない。古いやり方に息子さんは合点がいかないが、でも、自分の右腕はいないので、病院事務のことはこの事務長に頼らざるを得ない。何をするにも事務長におうかがいを立てなければ物事が進まないというような環境になってしまうと、病医院の運営に支障をきたしかねません。

病医院では、様々なことに関する判断の基準が「医療」と「それ以外」の2つになってしまう。事務長はまさに番頭さんというようなイメージで、病院の場合には事務長に「医療以外」の機能がすべて集約されていきます。厳しい診療報酬下では、事務の人材も豊富に揃えるのは難しく、事務長の下に経理や医事の責任者が横並びになっているので、総合的な機能を担う存在が育ちにくいという事情もあります。

診療所であれば、もちろん女性のドクターが後継者の場合もありますが、男性のドクターの場合には、奥さんが中心に事務を担うことが多いですね。ご夫婦ともにドクターで一緒に開業するというケースもありますが、その場合もやはり、事務を担う人がいない。

実際に承継をお手伝いするときには、必ずこの事務を担う後継者が必要であることをアナウンスはするのですが、では現実にすんなり解決できるかというと難しいものがあります。先代の事務長さんは、いい意味でも悪い意味でも、自分の仕事や権限を手放さない傾向がありますし、先代の院長とともに病院の生き証人であったりもするので、なかなか簡単ではない問題です。

このように事務機能の承継は、病院を運営していくうえでも、診療所を運営していくうえでも、影響が大きい問題です。引き継いだ後継者の方が医療に専念できる環境を整えるためには、事務機能の承継も同時に進められるかというところがポイントの一つでもあります。

後継者の方と同じ目線、ないしは同じ年代で事務機能を担えるしっかりした方がいれば、承継は比較的スムーズに進むケースが多いといえるでしょう。

2　富裕層としてのドクター

「医業承継の対策」と「富裕層としての対策」

医業承継を税理士としてお手伝いするにあたっては、「医業承継の対策」と「富裕層としての相続対策」の2つの側面からサポートをすることになります。

「医業承継の対策」の側面からは、病医院の支配権を次世代に移していくほか、運営面においてスムーズな移行がなされるように細心の注意を払います。病医院は地域社会において重要な役割を担っている、いわば社会的公器であって、医療従事者や行政は、患者さんのことを何よりも第一に考えているからです。

もう一つ、「富裕層としての対策」です。これは文字通り、多くのドクターが富裕層であることが、「富裕層としての相続対策」という側面からのサポートが必要になる理由です。ドクターは、一般的に病医院に関係しない資産も多く所有しています。現預金などの金融資産もあれば、別荘のような不動産もあるでしょう。財産を持っていれば、当然に相続税の問題が出てきます。そして、財産の分割をどのようにするかという、「争族」の対策も出てきます。この側面から行うサポートの内容は、ドクター特有のものというよりは、効果的な生前贈与を検討する、現預金を不動産に組み替えて活用して評価額を課税財産の評価額を引き下げる等、一般的に富裕層に対して行われる対策の提案とそれほど変わりはありません。

遺産のアンバランス問題

富裕層としての対策として遺産分割をどのように行うかということがあります。この視点からの対策は、ドクターにとって極めて重要となります。

ドクターが熱心に病医院の経営に取り組んできた結果として、その方の持つ全財産のうちに医業に関連する財産の占める割合が非常に大きくなってしまう傾向があるためです。その場合、医業の後継者に医業に関連する財産を相続させようとすると、医業の後継者ではない相続人に渡せるものが少なくなってしまう場合があります。私はこれを「遺産のアンバランス問題」と呼んでいます。

この問題は、医業承継に限ったことではなく、一般の事業会社の承継でもよくあることです。ただ、医業承継の特殊性として、医業の後継者がドクターになるためには、たくさんのお金がかかる、つまり、教育費がかかるということがあります。この点が争族を助長する要因になる場合があります。

一般的に、医学部を卒業するまでに要する教育費は、国公立大学の医学部であれば6年間で500万円程度ですが、私立大学の場合は2000万円~5000万円程度が必要になります。加えて、医学部に進学するためには大学受験の準備にとどまらず、その手前の私立中学や高校、受験予備校などにも費用がかかります。

たとえば、子供が2人いて、1人はドクターになったが1人はならなかったとすると、子供たち同士の間で感情的な問題は起こりやすくなります。つまり、「兄貴は医学部に通わせてもらったうえに、さらに遺産のほとんどを持っていくのか」となるわけですね。もともと遺産のアンバランスに陥りやすいうえ、教育費の高さが拍車をかけ、相続の時点でトラブルになりがちです。

このような遺産のアンバランス問題に対する対策としては、医業の後継者以外の相続人に渡せる財産をきちんと生前から計画的に準備しておくということです。実際に計画的に進めることは難しくても、そういうことが起こる可能性があるのだということを意識しておくだけでもトラブルは防ぎやすくなるでしょう。

遺産のアンバランスという点からいえば、医業承継を支援する税理士や金融機関の方々は、たとえば、医療法人を経営するドクターから出資持分の評価額の算

◉遺産のアンバランス問題

（例）推定相続人は子2人（後継者と後継者以外）の場合で医療関係の資産80　その他20

後継者が出資持分の全てを取得すると

➡後継者以外の者の法定相続分を侵害してしまう

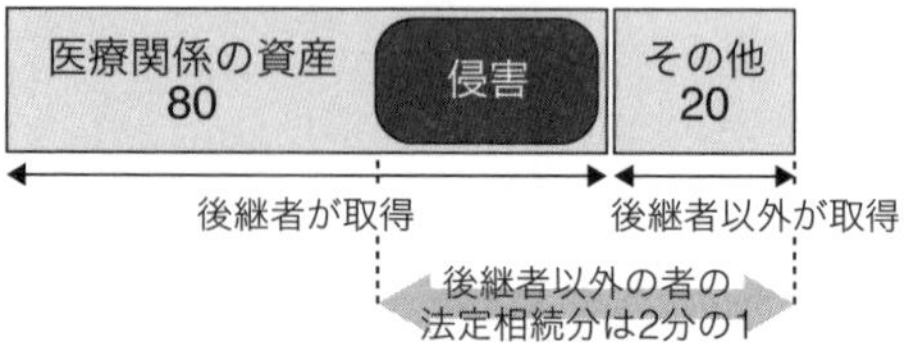

➡後継者以外の者が取得すべき財産を形成する必要あり

（金融資産など。役員報酬・MS法人・資産運用などに工夫が必要）

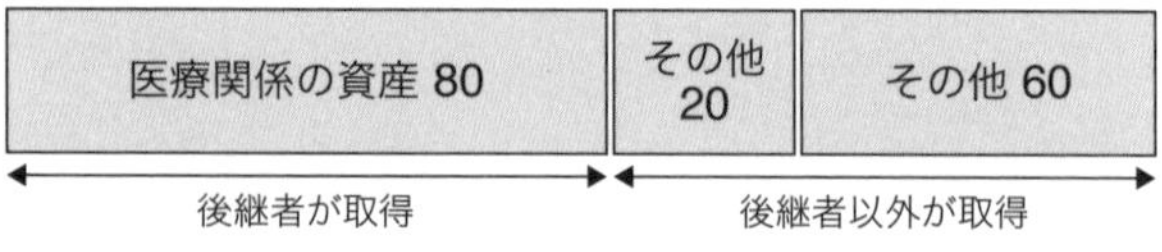

定を依頼されたときに、「先生の医療法人の出資持分の評価額はやっぱり高いですね」で終わらせてしまわずに、その背後に隠れているであろう遺産のアンバランスの問題についての懸念を指摘することができればいいですよね。そのことがきっかけで、生命保険を活用したり、次に述べるようにＭＳ法人を活用したり、といった具体的な対策が動き出すことがあるかもしれません。

ＭＳ法人を活用してアンバランスを解消

一般の事業会社であれば、子供が２人いれば、２人とも会社に入って役員になるというのはよくあることです。しかし、医業承継の場合には、医療法人でも個人病医院でも、２人が同じ組織の中の経営層に入るということはあまりありません。配偶者や子供など、医業の後継者に近しい家族だけで経営層を固めることが多いと思います。つまり、子供が２人ともドクターでしたら、それぞれ別に病医院を持つのが普通ということです。

たとえば、医療法人の役員に次世代の人を入れ、役員報酬を支給することで、事実上の生前贈与の効果を得ることが可能です。だからと言って、後継者以外の人を医療法人の役員に入れてしまうと、後継者が実際に運営するにあたって様々な制約を受けたり、衝突が生まれたりして、医療法人の運営がうまくいかなくなるということもあり得ます。

そのような場合には、医療法人とは別の器、つまり別会社、ＭＳ法人を設立するのもひとつの方法です。

たとえば、下の図のようなイメージです。医療法人の運営は、当然に医業の後継者が担います。

医業の後継者以外については、別会社、すなわち、ＭＳ法人を設立し、病医院周りの清掃や給食提供など医療法人へのサービスを提供したり、病医院の不動産を所有させたりして、医療法人とＭＳ法人との間で取引を作ります。

そして、このＭＳ法人の経営を医業の後継者以外の人が担うことになります。

このような仕組みが機能することで、医業を引き継いだ後継者のみに利益が帰属するのではなくＭＳ法人にも利益が帰属しますので、ＭＳ法人を担う後継者以外の人は、ＭＳ法人から継続的に役員報酬や配当という形で経済的なメリットを享受することが可能になります。

図をご覧いただければお分かりになるように、医業を一族発展のための重要なビジネス、つまり、ファミリービジネスと捉え、このファミリーのビジネスの源泉は医業（図では医療法人）ですから、ここを安定させることがファミリーの安定に繋がるという

◉MS法人の活用イメージ

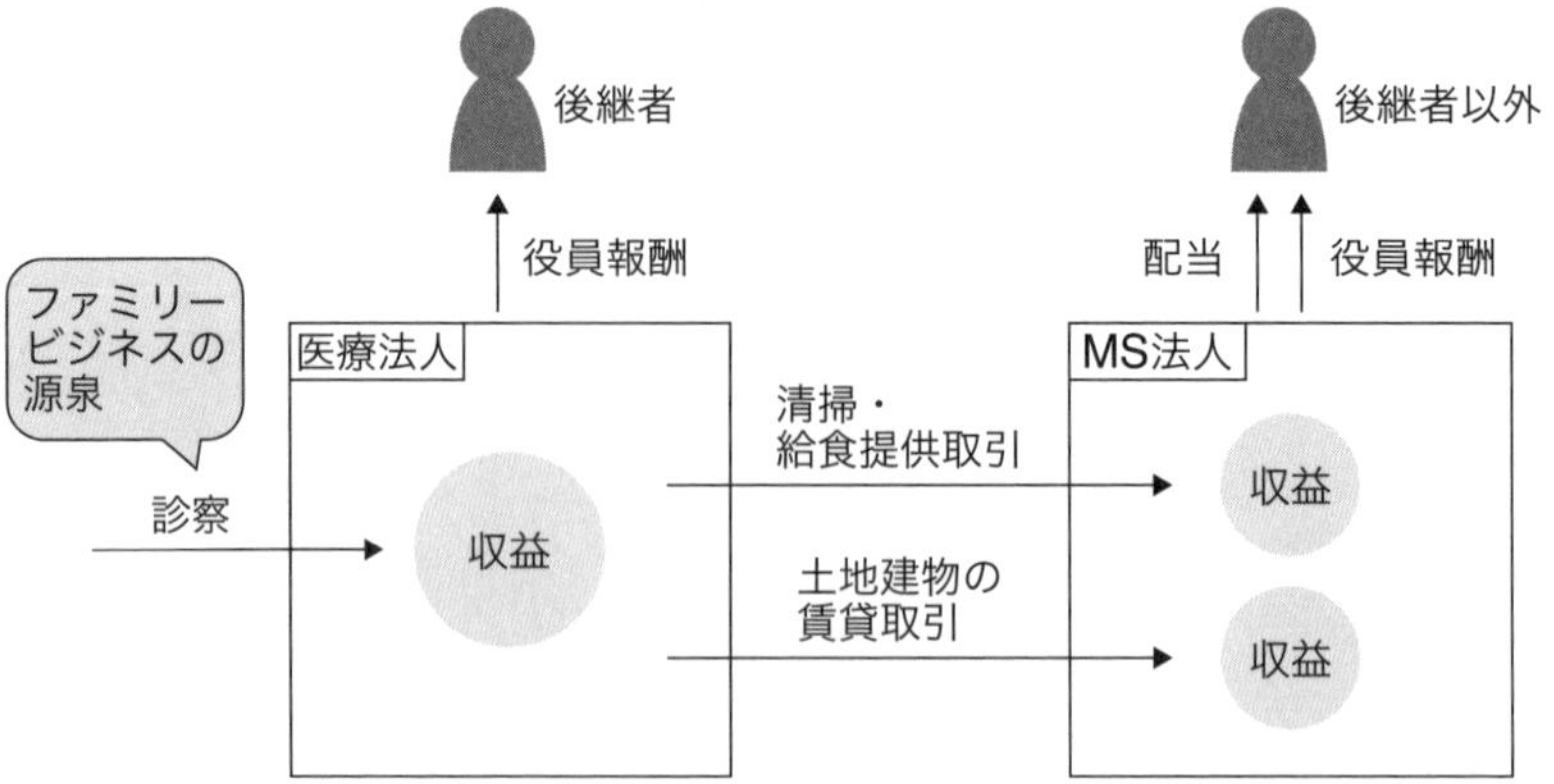

ことをファミリーの共通認識とします。そのうえで、ファミリーのビジネスの源泉である医業の運営権限は医業の後継者に集中させ、他の相続人が必要以上に関与しない仕組みとします。この仕組みがうまく機能するためには、医業がファミリーの繁栄の源泉であるということをいかに共通認識にできるかということになります。

病医院の後継者がいないという問題

「親の医院を継ぐのが当たり前」ではなくなってきた

「息子はドクターなのですが、私の診療所を継ぐつもりがないようなのです」

これが、近年になって急に増えてきたご相談のパターンです。

是非は別にして、昔は当然のものとしてあった、親の病医院は子が必ず継ぐものという意識が薄れてきているように感じます。

子は医学部を出てドクターになっているけれども、民間の病院に勤め続けていたり、医系技官として厚生労働省などの官庁に就職したりして、親の病医院には戻ってこないというケース、また、勤務医として病院に就職するのではなく、そのまま大学に残って研究者になったり、准教授から教授を目指すということだってあります。

つまり、ドクターになったからといって、必ず親の医療機関を引き継いでくれるということはなくなっています。

病医院を継続していく難しさ——人材確保が困難に

理由としてはいくつか考えられますが、病医院における後継者不足は、その経営が非常に難しくなっているということが原因のひとつではないかと思います。

特に病院は、診療所と比較した場合、規模が大きいこともあって、かなり大変です。医師や看護師、事務スタッフの採用や、厳しい資金繰りなどに常に追い掛けられて苦労している父親を見て、「こんなに苦労するのは嫌だ」ということで、子供が継がないというケースをよく見ます。

特に人事管理や採用は困難を極めます。このご時世、たくさんの優秀な医療従事者を確保し続けるのはかなり大変です。病院も他の業種と同じように深刻な人手不足に悩まされています。特に最近はドクターや看護師といった医療従事者だけでなく、医療事務など事務系の職種の方々の採用も難しくなっているということを耳にします。

病医院の場合には、売上の大半を占める診療報酬の枠の中で予算を考えなければならないので、人件費には限界があります。特に事務系の職種は、病医院においては診療報酬、つまり売上に直結しない職種であることから、限られた予算の中で考えると看護師や看護助手などの医療従事者の確保に予算を回したいということになります。

最近は、病医院が自ら看護師を募集しても採用できない、その結果、人材紹介業者を使わざるを得ない。そうすると、人材紹介業者に対して紹介された人の想定年収の25～30％という手数料を払わなければならず、このことが経営上のかなりの負担になっています。

特に病院は、一定数の看護師の確保が絶対に必要ですから、紹介業者への手数料の負担額は相当な額になる場合もあります。しかも、看護師は流動性が高く、せっかく採用してもすぐに退職してしまうことも少なくありません。そうするとまた採用しなければならない。これを繰り返しているので看護師の紹介料だけで毎年数千万円もの出費になる場合もあり、病院の経営を圧迫する要因にもなっています。

そのため、ますます事務の人を採るのに予算が足りない。そもそも、他業種だって人手不足です。わざわざ病院で働こうという人はなかなかいません。医療事務のスキルがある人でも、少しでも待遇のいい、他の業種に行ってしまっているはずです。

父親が大きな病院を経営する大変さを見ていて、子供がそこを引き継ぐことに対してネガティブになってしまい、父親に内緒でクリニックを開業したという話もありました。子供に開業されてしまうと、そこにも患者さんがいる以上、お前は後継者なんだからすぐに戻ってこい、というわけにいかなくなります。さてどうしたらよいか、というご相談でした。

親と異なる診療科であることも

たとえば、親の診療所が歯科医院であったけれども、子供が必ずしも歯医者さんになるわけではありません。これについても、昔は「医者になるなら当然、親と同じ診療科」というようなところがあったのですが、近年はそうとも限らなくなってきました。ご本人の希望する診療科が別にある場合もありますし、親の大変さを見て、診療科を変えたいという場合もあります。

産婦人科のドクターで、とても流行っている診療所を経営されている方がいらっしゃいました。

数千万円する高級車を買えてしまうくらい儲かってはいたものの、忙しすぎて乗る暇がまったくなくて、せっかくの高級車はバッテリーがいつも上がりっぱなしという笑えない冗談を聞かされたこともあります。

産婦人科ですから、お産は24時間待ったなしです。訴訟リスクも無視できません。大変過酷な環境です。いくらお金があっても、そのような生活をずっと見てきた息子さんからすると、同じ診療科は嫌だと思うのも無理はないのかもしれません。

病院であれば、複数の診療科を展開していることが多いので、経営を引き継ぐということでいえば、必ずしも親と同じ診療科である必要はないのですが、診療所だと、診療科が違うとそのまま継ぐというわけにはいかなくなります。

大量開設、大量廃止

一般診療所は、総数としては増えています。

厚生労働省の「医療施設調査」によれば、平成29年から平成30年の1年間で634増えています（次ページの図）。

でも、その内訳を見ると、7339が新たに開設、235が再開され、6421が廃止、519が休止、その差で純増634となります。驚くべきは、6421の診療所が廃業しているということです。

医療法人で毎年2000弱、個人で2300弱が何らかの理由で廃業しています。その主な理由は、ドクターの高齢化、それに伴う後継者不在ではないかと推測します。

一般の事業会社の場合、経営状態が悪化しているために継いでくれる後継者がいないということはよくあります。しかし、診療所では、普通に経営していれば経営状態が相当程度悪化するということはあまりないはずなんですね。

診療報酬という制度があって、誤解を恐れずにいえば国に守られている世界ですから、普通に経営していれば、そこまで悪い数字になるものではありません。つまり、本当に経営状態が厳しくてやめざるを得ないケースというのは限られているはずなんです。そうなると、子が親の診療所を継がない場合、それが廃業にカウントされ、自分で新たに診療所を開業すること、それが開設にカウントされているということもあるの

◉一般診療所数の推移

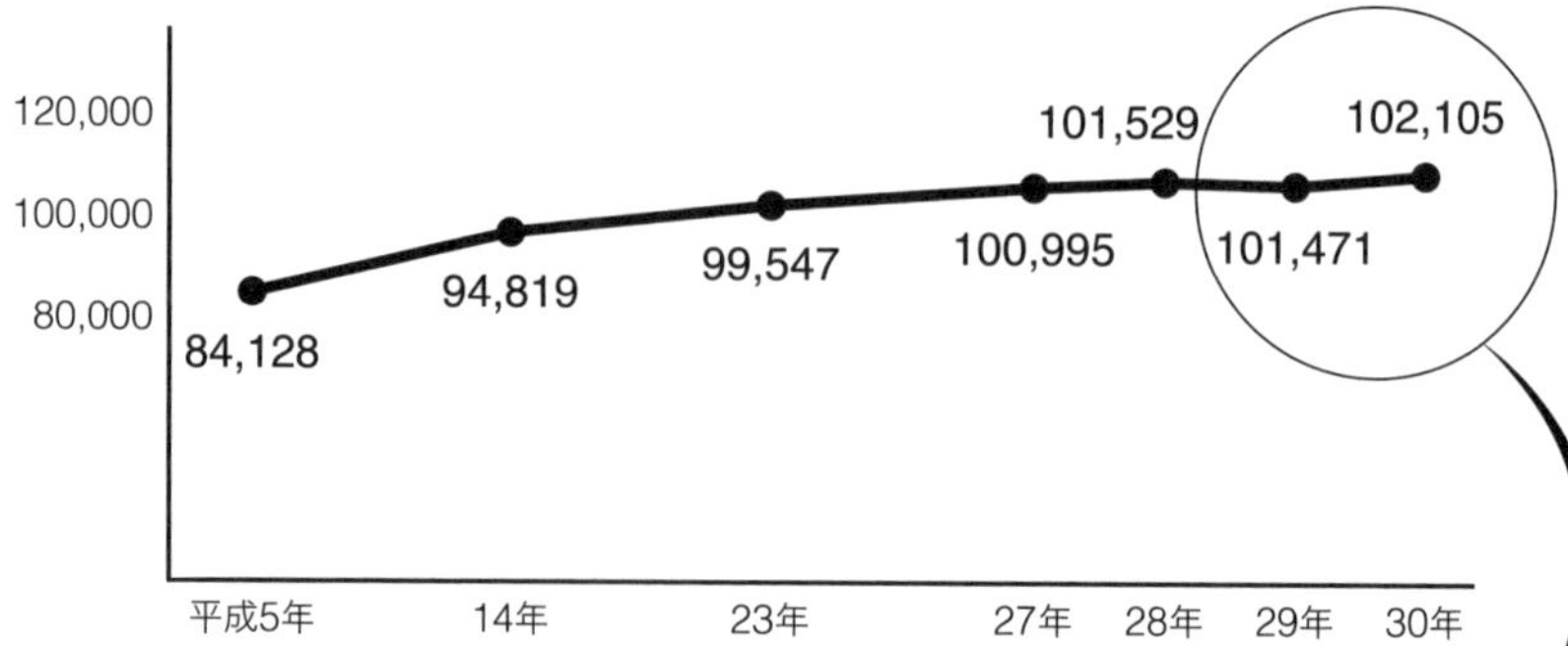

	開設 ①	廃止 ②	休止 ③	再開 ④	純増加数 ①−②−③+④
総数	7,339	6,421	519	235	634
(再掲)医療法人	2,140	1,995	247	91	−11
(再掲)個人	2,807	2,256	190	90	451

※開設者変更による増減を除く

(出所:厚生労働省「医療施設調査」)

ではないかと考えられます。

後継者がいない場合のM&Aという選択肢

後継者がいないがどうしたらよいか、というご相談に対しては、やはりM&Aという方法をご案内することになります。診療所においてM&Aを検討する理由として最も多いのは、後継者がいないということです。

今でも、医療機関のM&Aは活発に行われているとは言い難い面がありますが、ひと昔前はもっと非現実的な選択肢でした。後継者が親族にいない場合に、第三者に継いでもらうという発想もなかったですし、実務的なインフラも整っていなかったんですね。しかし、医療機関には患者さんがいますので、そう簡単にやめるわけにはいきません。患者さんが行くところがなくなってしまいますから廃院という選択肢は簡単には選べないんですね。それでもひと昔前は、ドクターにとっては不本意ながら廃院せざるを得なかった場面がたくさんあったのだと思います。

今は、承継してほしい側（売り手）と承継したい側（買い手）のマッチングをする業者もたくさん出てきて、自分の経営してきた病医院を何らかの形で残せるんだということにだんだん皆さんが気付きはじめたわけです。そのため、最近ではM&Aという選択肢が一般的になってきています。M&Aという、第三者も含めて承継先を検討できる土壌が調ってきたという実感があります。

第2章　後継者がいる場合――①

個人病医院の承継

個人病医院の承継でやるべきこと

資産の移転・行政手続・患者さんなどへのアナウンスの3つ

病医院の多くは医療法人になっています。そのため、支援する側としては、医療法人の事業承継を扱う機会が多くなります。しかし、あえて医療法人化せずに個人事業者のまま経営している病医院ももちろんあります。この章では個人事業者のまま病医院を経営している場合の承継について整理します。

個人病医院の承継を進めるに際して注意すべきことは、資産の移転、行政手続、そして患者さんなどへのアナウンスです。

まず、資産の移転について確認します。

個人病医院を承継する際の資産の移転については、病医院に関する個々の資産をひとつずつ承継しなければならないという点に大きな特徴があります。これは別に個人の病医院に限らず、他の業種の個人事業者の場合も同じです。たとえば、親から子へ承継する場合の個々の資産の承継は、親から子へ相続したり、贈与したり、賃貸したり、医療機器などは売却する場合もあります。

特に医療機器は子に移さなければ病医院の経営ができませんので、必要な医療機器はきちんと子に移していく必要があります。医療機器などが親の所有ではなく、リースである場合にリース契約が残っているのであれば、その契約名義を子に変更しなければなりませんし、金融機関からの借入が残っているのであればその名義も変更（子への借り換え）する必要があります。

要は、医療機関の資産、負債、契約のすべてが親名義なわけですから、そのすべてを子の名義に移す手続が必要ということです。

次に行政手続について確認します。たとえば、親が個人事業で営んでいた診療所を子が引き継ぐとなったときには、外見上は院長が親から子に代わるだけですが、子は保健所に対して新たに自分が開設するものとして診療所の開設手続が必要となります。

その一方で親は自身の診療所を廃止する手続（廃止届の提出）が必要となります。お父さんの診療所をそのまま「じゃあ明日から俺がやるわ」でできるわけではないのです。子は子で開業の手続きをして、親は親で廃業の手続きをして、ということが個人の病医院の承継の場合には必要になります。

事業主変更だけでは済まないこれらの行政の手続は、他の事業における個人事業の承継ではあまりないプロセスだと思います。

親が存命の場合には、あえて生前のどこかのタイミングで事業主交代を選択する場合もあります。3月31日で先代の院長先生が辞めて、4月1日から息子さんが引き継ぐ、といった院長交代のイメージですね。そのような院長交代であっても、親の廃止手続と承継する子の開設手続が必要です。

イチから開業で立ち上げるよりも、親が経営しているいわば動いているクリニックを承継することによる開業ですから、保健所も細かな点までチェックをすることはあまりありませんが、とはいえ、それなりに時間もかかるうえ、届出関係には期限があるものもあります。子としての開業日よりも前に手続等を始める必要がありますし、保健所による立入検査もありますから、円滑な承継を見据えたスケジューリングが重要になります。

ただ、承継を円滑に進めるために一番大切なことは患者さん等へのアナウンスです。これが3つめですね。

親の病医院を承継するということは、親の色の付いた、少々大袈裟な言い方をすれば、親の歴史そのものを引き継ぐことを意味します。患者さん、スタッフ、取引業者などその歴史で培われたたくさんのものを一度に引き継ぐことになるのです。

そのため、許されるのであれば、たとえば、しばらく二診制で対応する、つまり親も患者さんを診ながら、子も同時に患者さんを診るという期間を6カ月くらい設けるのが理想です。こうすることで患者さん、スタッフ、取引業者などへの安心を提供する期間を提供できますし、この期間は親から子へ歴史を繋げる大切な期間ともいえます。このような期間を設けることで患者さんに対して院長が先代からお子さんに替わるけれども、基本的には診察体制は変わりませんよ、ということを理解していただくことにも繋がります。

このように、単に親がリタイアし、子が承継するというシンプルな親子間承継であったとしても、多岐にわたって注意すべき点があります。円滑な親子間承継の実現のためには、まず、了の病医院に切り替わる時期を明確にし、その時期に向けて行うべき手続等すなわち保健所への手続、移転すべき資産とその移転方法、契約や借入金などの引継、患者さん等への案内などのそれぞれについてどのタイミングで行うのかを決めておく必要があります。

まずは財産目録を作成する

資産の移転に関しては、医療分野ならではの特殊性はあまりなく、他業種の個人事業者の承継とそれほど変わらない方法で進めていくことになります。

医療機関の資産を後継者にきちんと継がせようとするのであれば、親の個人資産のうち、そもそもどれが医療機関の資産なのかをしっかり把握する必要があります。

具体的には、財産目録を作成して、定期的に見直していくといいでしょう。

個人病医院の場合、確定申告を青色申告でしているケースが多いので、当然、貸借対照表を作成しているのが一般的です。そのため、「ドクターの病医院の資産はこれとこれ」と整理できる土壌はあるはずです。

この財産目録は、親に相続が発生してから承継する場合にも有効です。いざ、遺産分割を行う場合に病医院の資産が財産目録において明確に整理されていることで遺産分割の基礎的な資料が整うからです。

リタイア後の生活資金をどう確保するか

個人病医院の場合には、ご自身に対する退職金というものはありません。無理に出そうとしても、税務上必要経費にはなりません。

小規模企業共済は個人開業医であれば加入できるので、利用するのもひとつの方法です。所得税の節税の観点から加入していることも多いと思います。ちなみに、小規模企業共済は、医療法人では加入できません。だから、個人で小規模企業共済を利用していた人が医療法人化した場合は、小規模企業共済を解約しなければなりませんので、注意しましょう（医療法人化のデメリットのひとつといえます）。

前述のとおり、親子間承継であったとしても、実際には、ある日を境に親が辞めて一切顔を出さなくなるというよりも、週に何度かは非常勤医師のような形で診察に出て、昔なじみの患者さんを受け持つことが望ましいです。医院の管理者としては廃業届を出しますが、新たに後継者である子の医院に勤務医として給与をもらう分には、生計が別であれば子の側で必要経費に計上できます。

他にも、たとえば診療所の土地や建物を親が所有しているのであれば、診療所を引き継いだ子に貸して家賃を取るということも可能です。いわば年金代わりに不動産の賃貸料が入る仕組みを実現できます。

なるべくなら生前承継、難しければせめて遺言を

資産を包括的に承継することにより承継が完結するという意味で言えば、理事長の変更だけで済む医療法人の承継においては、生前承継でも相続のタイミングでの承継でも、煩雑さの面ではそれほど大きく変わりはありません。

しかし、個人病医院の承継は、病医院の個々の資産を承継しなければなりませんので、生前に行うほうが圧倒的にスムーズです。

といいますのも、亡くなった後に承継する場合には、通常は遺産分割というプロセスを経る必要があるためです。病医院の財産についても、遺言がなければ、その資産ひとつひとつについて遺産分割を行い遺産分割協議の成立を経た上で、正式に相続し、名義を換え、やっと経営を始められる、ということになりますので、これはかなりの手間になります。

しかし、生前承継を進めるわけにもいかない場合があります。資産の移転に際しては、贈与であれば後継者側に贈与税の負担が生じる場合がありますし、譲渡であれば後継者側に資金調達の問題が生じます。もちろん、承継する環境が整っていない、承継するタイミングではないということもあると思います。たとえば、子は実家の医院をいずれ継いでくれるようだけれども、しばらくは勤務医でいる、大学に残っているなどというケースです。戻ってすぐに親の医院を継げとは言いづらい、だから、しばらくご自身が院長として頑張っていなきゃいけない。

そのように生前承継が難しいときには、きちんと遺言を事前に作っておきましょうというお話に

なります。円滑な医業承継を実現するためには少なくとも「病医院の資産については後継者に渡す」という遺言を作っておくことが大切でしょう。遺言だけでなく、全相続人の前でしっかりと後継者を指定し、病医院の資産は後継者に相続させる意思を明確に伝え、相続発生後に揉めないように予防線を張っておくことが望ましいといえます。遺言という文書だけではなく、元気なうちに親が自らの意思を自らの言葉で直接話すことは相続に伴う混乱を防ぐのに効果的だと感じます。

遺言を作るためには、財産の全体像を把握しなければならなくなります。となれば自然に、前述した財産目録の作成が必要です。とにかく避けなければならないのは、何が病医院の財産なのかということが不明確な状態で相続が起こってしまうことです。これだけは避けたいところです。

民法改正で遺言作成のハードルが下がる?

２０１８年に民法の改正が行われ、遺言について種々の変更がありました。このうち、自筆でない財産目録を添付して自筆証書遺言を作成できるようにするという改正は、２０１９年1月からスタートしています。

しかしながら、このような改正を受けても私は公正証書遺言を勧めます。ただ、自筆証書遺言で要件が緩和されて、財産目録を添付する方式でも認められ、全部自筆で書かなくても、財産目録の部分についてはパソコンでも問題ないとなった今、自筆証書遺言で残そうという人は以前より増えるのではないかと思っています。自筆証書の遺言であっても法務局で預かってもらえます。その点では公正証書遺言と変わらなくなってきているので、たとえば、証人を立てることや手数料を支払うことに抵抗がある場合は、自筆証書遺言を選択する人も増えるかもしれません。

いずれにしても、遺言の作成には財産目録の作成が伴います。遺言の作成、そのための財産目録の作成によって病医院の資産を把握するきっかけにはなると思います。

個人事業者の事業用資産に係る相続税・贈与税の納税猶予制度の活用

資産の移転に関する税制面での手当として、平成31年度税制改正で手当てされた個人事業者の事業用資産に係る相続税・贈与税の納税猶予制度があります。

この制度は、平成31年（２０１９年）1月1日から令和10年（２０２８年）12月31日までの間に相続等又は贈与により特定事業用資産（被相続人の事業の用に供されていた土地、建物及び建物以外の減価償却資産で青色申告書に添付される貸借対照表に計上されているものをいう）を取得し、事業を継続する場合には、特定事業用資産に対応する相続税・贈与税の納税を猶予する制度です。

個人事業についていては、事業の用に供されている宅地等について、小規模宅地等の減額の特例がありますが、この制度は宅地だけでなく建物や減価償却資産についても対象となり、かつ、相続だけでなく贈与、すなわち生前承継に伴う贈与税についても対象となります。

個人事業の病医院の承継にこの制度を活用する際の留意点としては、医療法人化との関係です。

この制度は、相続税の申告期限から5年経過後に特定事業用資産を〝現物出資〟し、〝会社〟を設立した場合には、当該会社の株式等を保有していることなどを要件に納税猶予が継続されます。

ここで留意すべきは、〝会社〟と〝現物出資〟です。

医療法人は、医療法に基づき設立が認められる法人であって、〝会社〟ではありません。

また、後述しますが、医療法人は持分のない法人であるため現物出資という手続はありません。

したがって、たとえば、相続税の申告期限から5年経過後に医療法人化した場合には、納税猶予の継続は認められず、打ち切りとなり、猶予税額と利子税の納付が求められることになります。

ですから、個人的には、この制度は個人病院の経営者に突発的に相続が発生し、とにかく相続税の納税を何とかしなければという事態でもない限り、その活用は慎重であるべきと考えています。やっぱり、医業承継後の後継者に医療法人化の選択肢がなくなってしまうことが本当に良いことなのか疑問に思うのです。

◉個人版・事業承継税制の概要

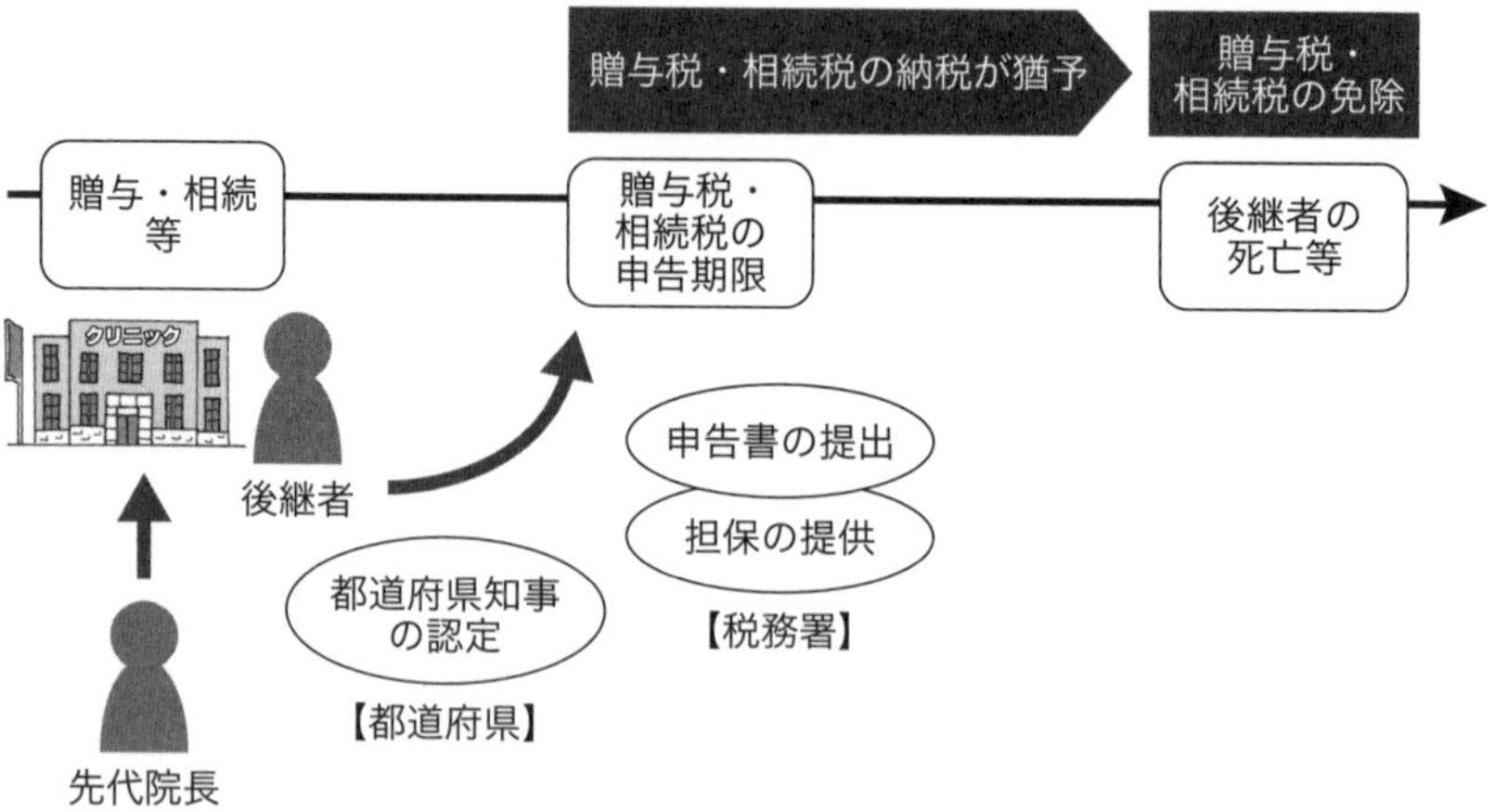

医療法人化を検討する

医療法人化してから承継する方法も

繰り返しですが、個人病医院の承継を考えるときには、病医院の財産のすべてを把握することはとても重要です。これまでに述べてきたように、財産のひとつひとつが承継の対象ですので、医療機器ひとつとっても、レントゲン、エコー、心電計といった具合にそれぞれをリストアップしていかなければなりません。

承継に際して手間がかかるという意味においては、承継を見据えて医療法人化を検討するということもありえます。

医療法人化することによって、事業承継の観点からいえば、病医院の資産がパッケージ化されるといいますか、社団医療法人化すれば、〝基金〟という資産に集約されるという効果があります。

つまり、個人事業主の形態だと資産ひとつひとつを遺産分割協議にかけなければなりませんが、社団医療法人化すれば、〝基金〟というパッケージ化されたものを承継することで資産の承継は完結しますので、承継の仕方がとてもわかりやすくなります。

また、行政手続の観点からも、医療法人は法人ですから前述したような病医院の開設手続と廃止手続は不要です。病医院の設置主体は、個人ではなく医療法人だからです。ですから、承継に伴う行政手続もとても簡単に済みます。

極端なことをいえば、理事長と院長を親から子に変更するだけで済みます。個人病医院の方はそのまま承継を進めるということももちろんですが、承継を見据えた医療法人化についても併せて検討すべきといえます。

承継を見据えた医療法人化は後継者を巻き込んだ議論になりますから、金融機関の方にとっては格好の次世代アプローチ、つまり、子世代に接触を図る大きなきっかけになるものと思いますし、そのようにお話をしています。

医療法人化のメリット——資産の固定化効果と所得税の税額軽減効果

ここで医療法人とは何かということを確認しましょう。

体系図で整理します。医療法人は、財団と社団の2種類あります。更に社団の場合には、旧法に基づく旧医療法人と新法に基づく新医療法人があって、現時点で設立しようとするとすべて新医療法人となります。

なぜ、医療法人化するのかですが、端的にいえば所得税等の税額軽減効果を見込んでということになります。個人病医院に比べて承継の手続が簡単というメリットのために医療法人化するというのは稀でやはり税額軽減効果を享受するためです。個人病医院を運営していて、課税所得が上がってくるとどうしても所得税が高い税率で課税されてしまうことになるので、税額軽減を図るために医療法人化するということです。ですので、医療法人化の目的は必ずしも医業承継のためとは限りません。

税額軽減効果を見込んでということですから年齢に関係なく比較的若いときに医療法人化するドクターもいます。

その他、稀ではありますが、親がずっと個人事業で運営していて、どういうわけかずっと医療法人化を避けられているが、引き継ぐ子の立場からすると手続の煩雑さを考えれば、承継の前のタイミングで医療法人化してもらいたいということで後継者の方から医療法人化の相談を受けることもあります。

もっとも、医療法人化は、医業承継、もっと言うと相続税対策の観点からもメリットがあります。

端的に言いますと〝資産の固定化効果〟です。

というのも、個人事業者の場合には、事業主である院長先生が頑張れば頑張った分だけ、その果実は院長先生個人の資産を増やすことになり、それはそのまま相続財産を形成し、ひいては相続税の対象となります。

しかしながら、医療法人化すれば医療法人に拠出した資産は、医

◉医療法人の体系図

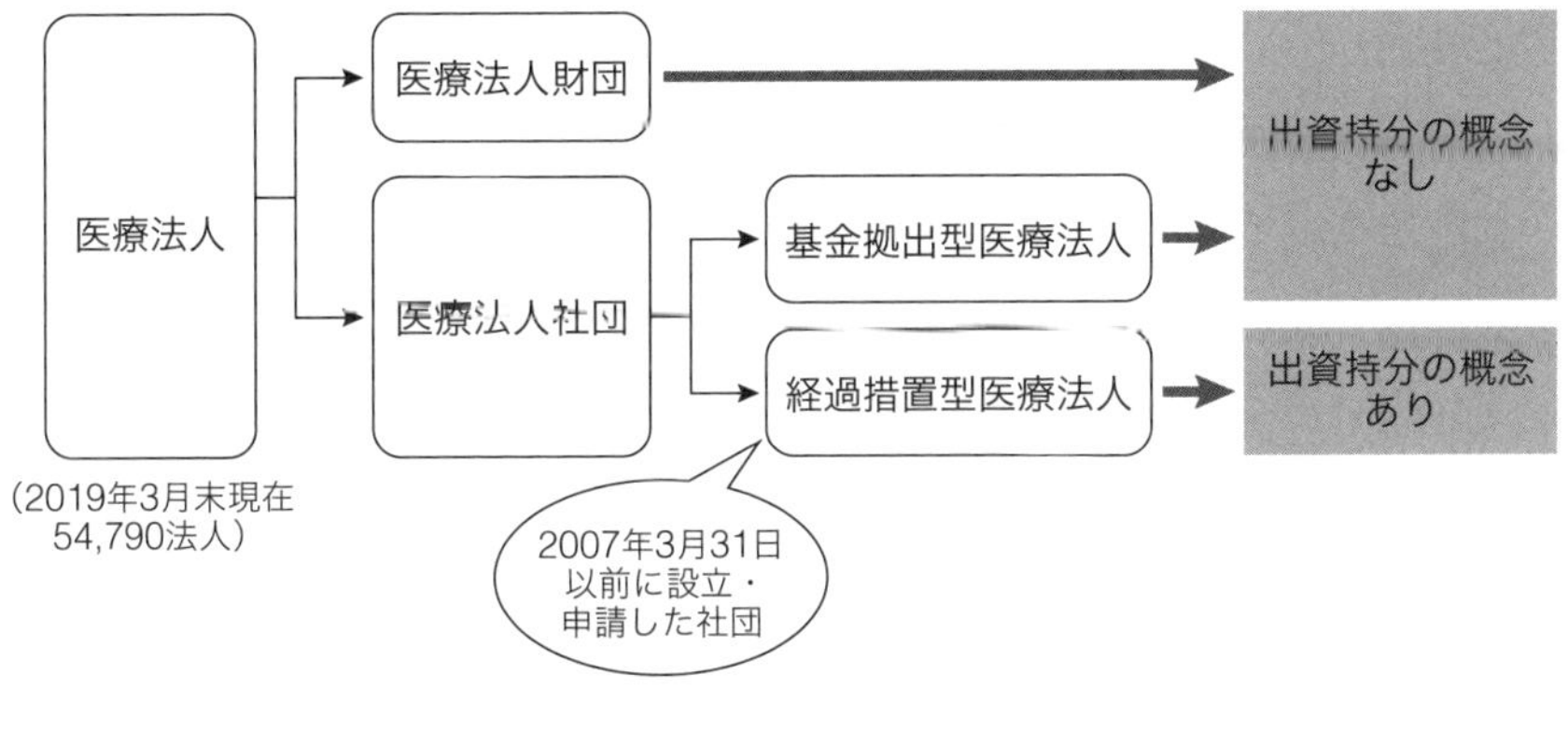

療法人化のタイミングで〝基金〟に集約されます。つまり、院長先生のものであった病医院に関連する資産は基金に代わるということです。

基金は、わかりにくい概念なのですが、簡単に言いますと医療法人に対する〝無利息貸付金〟です。貸付金ですから、その後、医療法人でどれだけ利益を稼ごうとも基金の価値が増えることはありません。そのため院長先生の相続財産を増やす結果にはなりません。

私はこの効果を〝資産の固定化効果〟と言っています。

従来の持分ありの医療法人や株式会社の場合には、設立に伴い個人の資産を出資した場合には、医療法人であれば出資が、株式会社であれば株式が出資者個人に跳ね返り、その後、医療法人や株式会社で獲得した利益が出資や株式の価値を高めることになりますので、固定化効果は得られません。

〝資産の固定化効果〟は、基金という資産の性質を活

◉資産の固定化効果

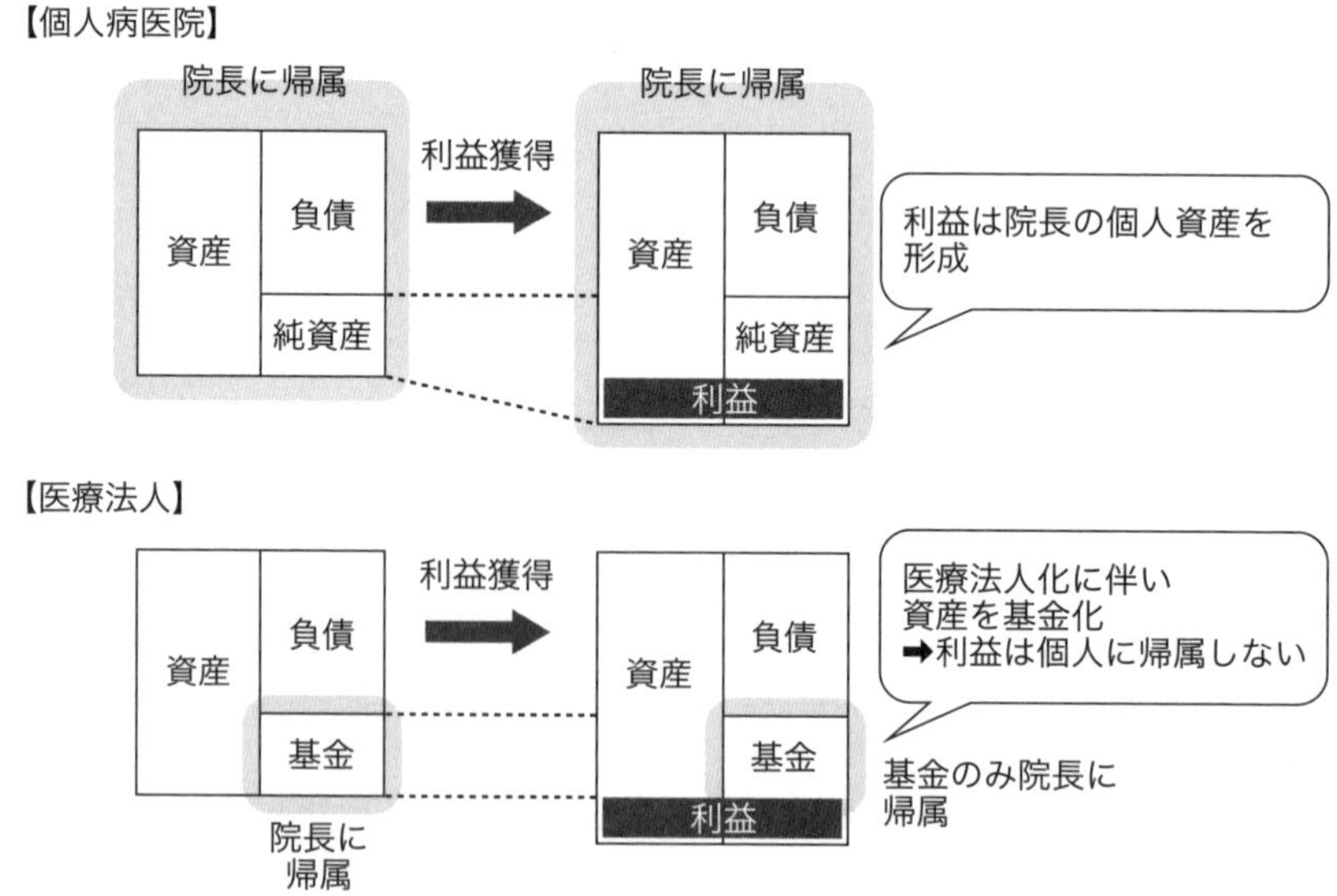

かした効果であるといえます。

さて、医療法人化の効果について少し角度を変えて考えてみます。

前述しました、〝なぜ医療法人化するのか〟ということから始めます。

事業と家計の分離や法人化による社会的信用の向上などの目的もあるとは思いますが、ずばり端的に申し上げれば、〝税額軽減効果〟の享受に尽きると思います。

税額軽減効果が得られる仕組みですが、図でご説明しますと、縦軸が税率で横軸が所得とした場合、個人事業であれば所得に対して累進税率（所得が増えれば増えるほど適用税率が高くなる（最高55％））によって階段状に所得税が課税されますよね。

それに対して、医療法人化することで事業の利益は一旦法人に帰属し、個人は法人の役員に就任して役員報酬を得る仕組みに代わります。

◉税額軽減効果

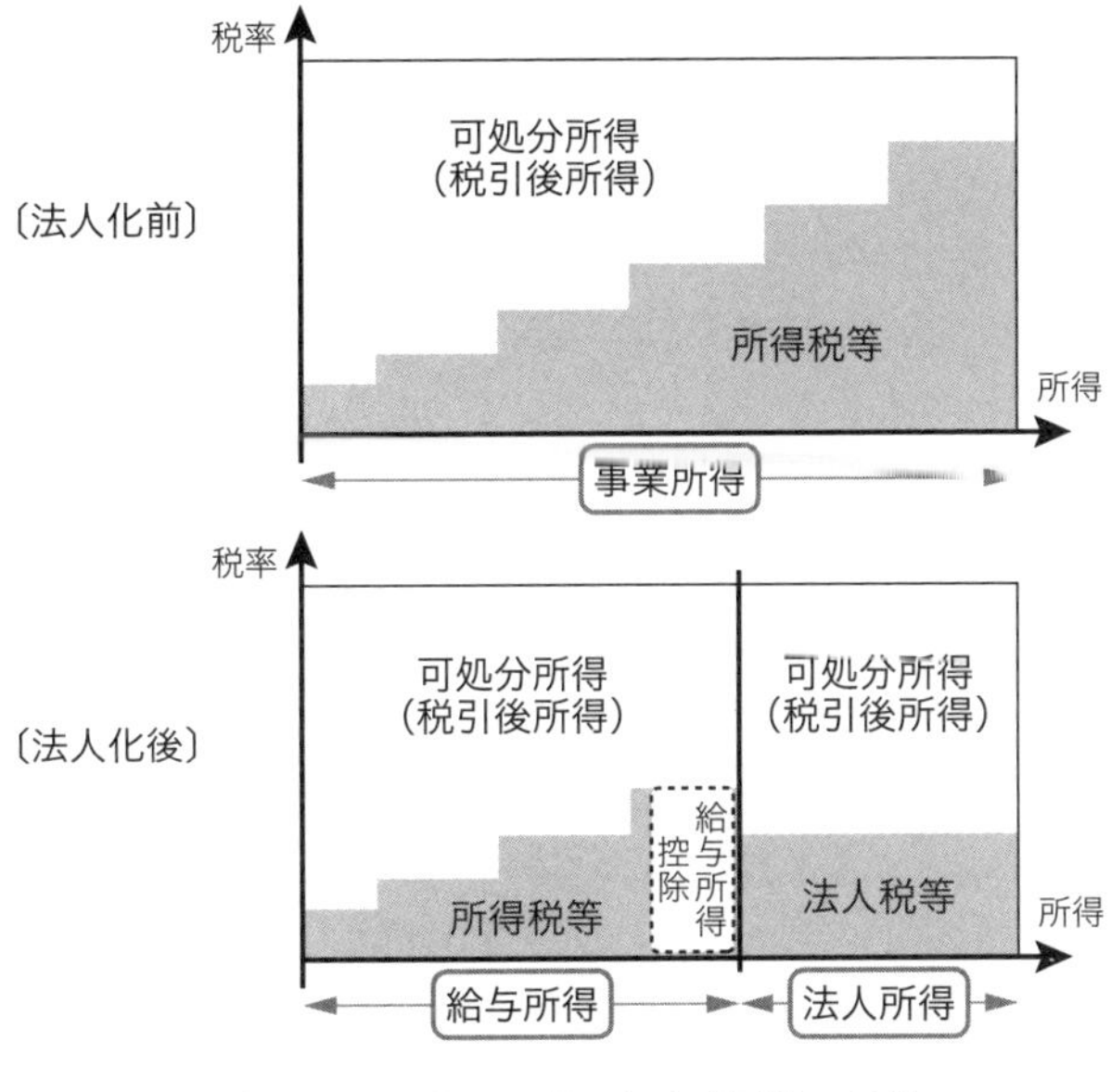

役員報酬支給後に法人に残った利益、すなわち、個人事業者のときには高い税率で課税されていた利益の部分には、税率（概ね30％）の低い法人税等が課税されますので税負担が軽減されます。

加えて、個人の所得は事業所得から給与所得に代わり、給与所得控除の適用を受けることができます。給与所得控除とは、簡単にいえば、給与所得者（サラリーマン）に認められている領収書の要らない経費です。事業所得から給与所得に変わることで領収書の要らない経費が使えるようになるというイメージです。

その結果、法人と個人を合わせたところで税額軽減効果を享受できることになります。

これが法人化による税額軽減効果の仕組みです。

さらに法人化によって個人事業にはなかった役員という地位が生まれます。

通常は、院長のご家族が役員に就任することになると思いますが、役員に就任した親族には役員報酬を支

◉所得分散による間接的な生前贈与効果

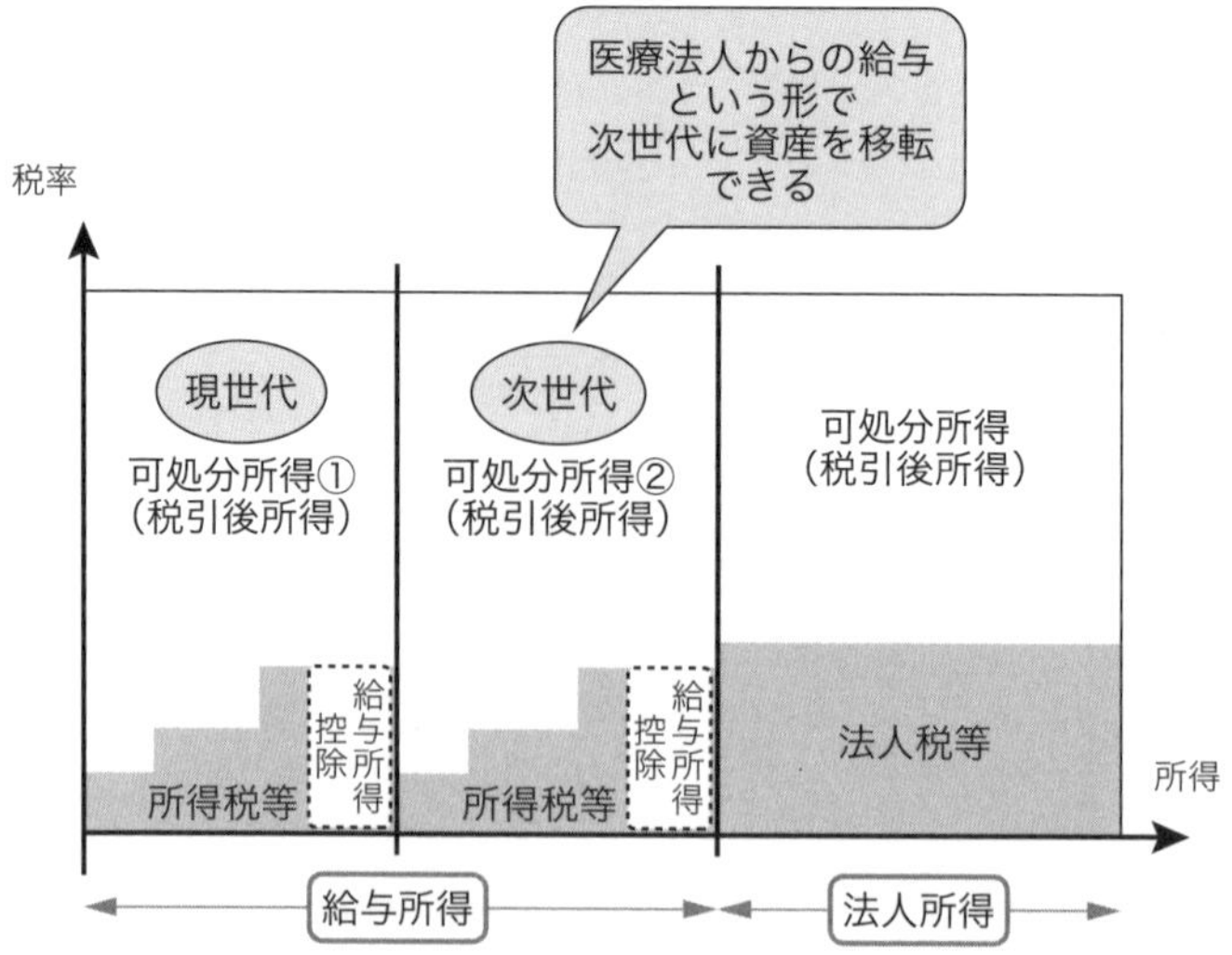

給することが可能です。

その際、可能であれば、次世代の方（子・孫など）を役員に就任させます。その上で役員報酬を支給すれば、個人事業であれば院長先生ひとりに帰属していた所得が役員報酬という形で次世代に帰属することになります。いわば間接的な生前贈与の効果が享受できます。

右下の図の場合には、可処分所得②の部分を次世代に帰属するようにしているわけです。

このように理事に次世代を就任させることで、元々は全部院長先生の個人所得で、どんどん相続財産が膨らむはずが、医療法人化によって次世代に役員報酬を支払うことで間接的な生前贈与が実現できます。

医療法人化は個人の可処分所得の犠牲を伴う

医療法人化に伴う税額軽減効果については、前述のとおり説明することが多いのですが、加えて説明する内容として、可処分所得の犠牲というお話をすることもあります。

次の図は、個人病医院時代の可処分所得と医療法人化後の可処分所得を比較した図です。

医療法人化に伴い税負担は軽減されますが、これは個人の所得税等と法人の法人税等の組み合わせによって実現しています。つまり、個人病医院の時に累進課税で高い税率で課税されていた部分を医療法人に移し、税率の低い法人税等の課税に変化させることで実現しているわけです。

ここで改めて確認しなければならないのは、個人単位で見た場合の可処分所得の変化です。

図の斜線部分を比較します。元々すべて個人の所得だったものを医療法人に移すことによって税額軽減効果が発生するわけですから、個人単位で見た場合の可処分所得は確実に減るということがお分かりいただけると思います。

つまり、医療法人化による税額軽減は、個人の可処分所得を犠牲にすることによって成り立っているといえます。個人病医院のときは1つの財布だったものを医療法人化によって法人と個人の2つの財布に分けることになるので、個人の単位で見ると可処分所得は絶対に減るわけです。この点は医療法人化を検討する上で非常に重要です。

私は、医療法人化を提案する際には、通常、医療法人化前後の税負担のシミュレーションを行い、ご提示しますが、医療法人化前後の税負担比較（医療法人化によってどの程度税負担が減少するのか）だけではなく、医療法人化前後の可処分所得比較もご提示し、医

◉可処分所得の比較

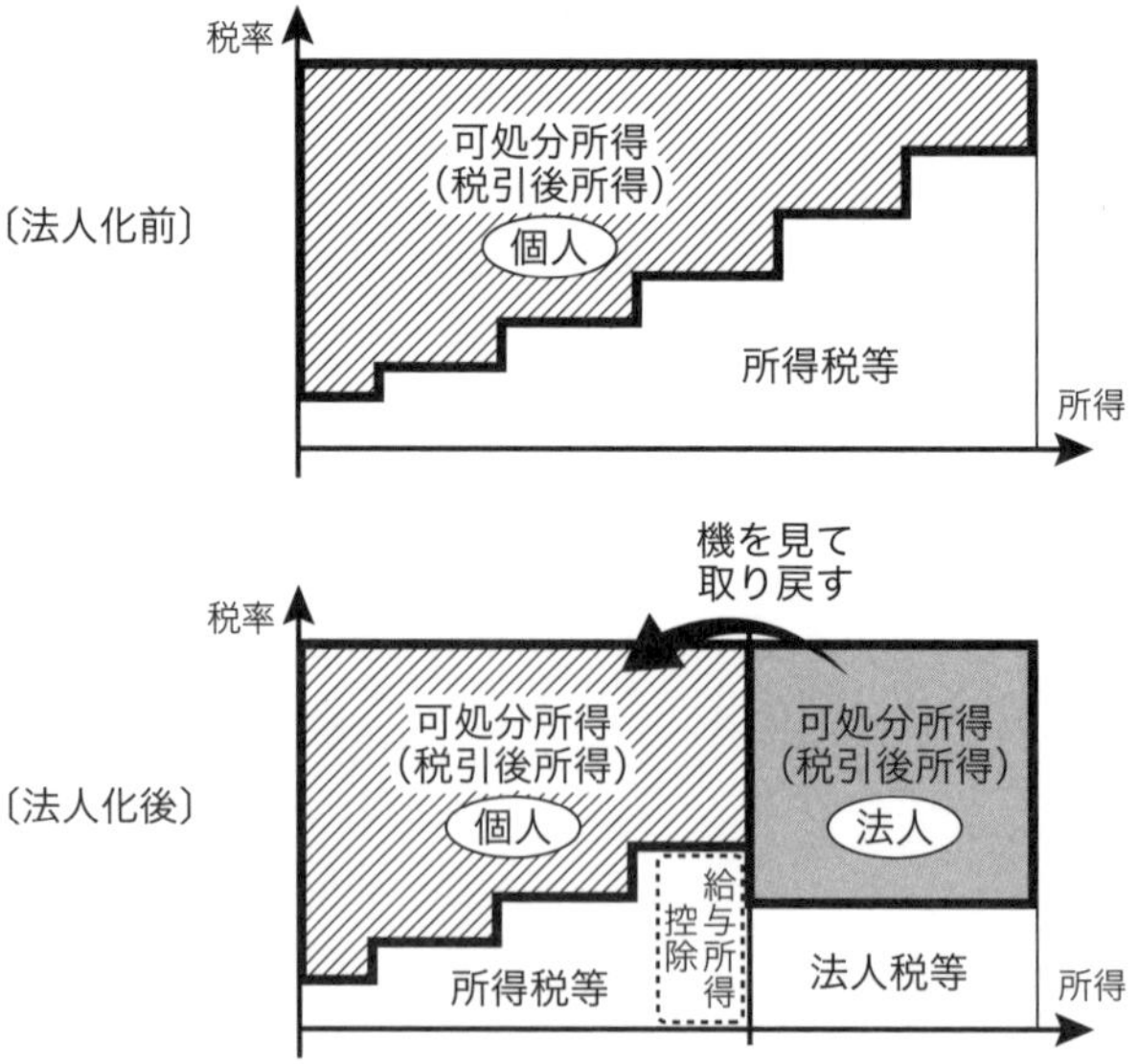

療法人化は個人の可処分所得の犠牲を伴うということを理解して頂くように心掛けています。

また、可処分所得の犠牲でお話を終えるのではなく、その精算というお話をすることもあります。簡単に言えば、医療法人化後に毎年毎年犠牲にしている個人の可処分所得（医療法人に帰属させている所得）をどこかのタイミングで取り戻すことを意識しましょうというお話です。右の図の矢印です。

取り戻すといってもピンと来ないかもしれませんが、実は医療法人化によって犠牲にしている個人の可処分所得を一気に取り戻せるタイミングがあります。それはどこかというと役員退職のタイミングです。

通常、役員退職するタイミングでは役員退職金の支給を検討することになると思います。役員退職金は確かに法人に対する貢献等に報いるというのが一義的な意味であるものと思いますが、私は税務的には医療法人化によって年々積み上がっていく個人の可処分所得の犠牲を精算するという意味もあると思っています。

ただ、年々積み上がる可処分所得の犠牲を取り戻そうとすると当然に大きな金額になります。

また、可処分所得の犠牲の結果がそのまま医療法人に現預金として残っている保証はありません。医療法人の日々の経営の中で医療機器に姿を変えていたり、借入金の返済に充当されていたりするはずです。つまり、役員退職金として取り戻そうとしたときに医療法人内に相応の資金があるかどうかは保証できないわけです。

相応の資金がないにもかかわらず、役員退職金の支給を受けようとすると医療法人の後継者に余計な負担を強いることになるかもしれません。そのことで後継者にいきなりマイナスの負担を強いることになりかねません。

医療法人化と同時に毎年の可処分所得の犠牲を取り戻すために役員退職金を意識し、長期的な視点で役員退職金の財源準備に着手することは非常に重要です。その場合、財源準備としての役員保険の導入に繋がる場合もあります。

医療法人の実効税率は低い

一般的に医療法人の実効税率は一般事業会社の実効税率に比べて低くなります。というのも、医療法人に対する法人事業税は、保険診療以外の収入（自由診療による収入など）に対応する所得の部分は非課税とされているためです。そのため、法人事業税の課税所得は少なくなることが多いので、結果、実効税率は低くなります。

美容整形や矯正歯科など自由診療収入の割合が高い場合には、さほど違いは出ませんが、一般的な診療科目のクリニックや病院の場合には、収入のうち保険診療収入が大半を占めますので、法人事業税の課税対象所得は少なくなります。たとえば、収入に占める自由診療の割合が10％だとしますと実効税率は27・7％になります。このことが大きな影響を及ぼすのが役員保険における実質解約返戻率です。

法人保険の世界は、２０１９年2月13日の国税庁の「節税保険」に対する方針変更を境に一変しましたが、それでも法人契約で役員保険に加入する場合には、解約返戻率、特に保険料の損金効果を反映した実質解約返戻率が判断基準になります。

解約返戻率は、支払った保険料に対する解約返戻金の割合をいいます。解約返戻率には2つあって、1つは単純に支払った保険料に対する解約返戻金の割合を示す単純返戻率、もう1つは支払った保険料のうち損金になる部分を考慮して、損金効果考慮後の保険料に対する解約返戻金の割合を示す実質返戻率です。

実質返戻率は、支払った保険料の損金効果を考慮しますので、実効税率が低い医療法人の場合には損金効果考慮後の保険料の額が大きくなり、一般事業会社に比べると実質返戻率はどうしても低くなります。

たとえば、保険料１００を支払ったとして法人実効税率が30％であれば、30は法人税等が減少しますので、実質的には70が法人の保険料負担になります。極端ですが、その翌年に解約して解約返戻金が70戻ってきたら、実質70の負担に対して70戻ってきますので実質返戻率は１００％となります。一方、医療法人の場合には同じ保険であっても法人実効税率が27％だとしたら、実質負担は73（１００－１００×27％）となりますので、同じように翌年に解約して70戻って来ても、実質解約返戻率は１００％を下回るわけです。

そういう意味では、医療法人の場合には、法人保険の世界が一変する前から、いわゆる節税話法は限界に来ていたと言えると思います。

保険の提案を受ける側（医療法人側）も保険を提案する側（保険マン側）も実質返戻率を中心とした検討ではなく、保険が持つ本来の機能や必要性に立ち返って検討することが重要ではないかと考えます。

医療法人化のデメリット――小規模宅地等の減額特例に注意

出資持分がある医療法人であれば、設立時に出資した財産の見返りとして、出資者に出資が跳ね返ってきますが、残念ながら、新しい医療法人は〝基金〟が跳ね返ってくるわけです。

出資が跳ね返ってこない、つまり、出資持分のない医療法人であるということは相続税にも影響を及ぼします。たとえば医療法人化に際して、診療所の土地、建物は個人に残したままで、医療法人化後に医療法人に賃貸するということはよくありますが、この場合、貸付先が一般事業会社であれば、特定同族会社事業用として賃貸している土地について400

◉医療法人の実効税率

自由診療割合	実効税率
100%	31.7%
90%	31.3%
80%	30.9%
70%	30.4%
60%	30.0%
50%	29.5%
40%	29.1%
30%	28.6%
20%	28.2%
10%	27.7%
0%	27.2%

㎡まで評価額が80％減額される小規模宅地等の特例が受けられます。

しかしながら、出資持分のない医療法人の場合には、その医療法人に賃貸したとしても特定同族会社事業用宅地等にはならず、単なる貸付事業用宅地等として取り扱われてしまいます。

なぜかというと、特定同族会社事業用宅地等が定義されている条文をよく読むと、要件として「相続開始の直前に被相続人及び被相続人の親族等で有する株式の総数又は出資の総額が当該法人の発行済株式の総数又は出資の総額の10分の5を超える法人の事業の用に供されていた宅地等」となっているためです。つまり、適用を受けるに当たって被相続人及び被相続人の親族等は出資を有していなければならないとされているわけです。

ですから、医療法人化してしまい、医療法人に土地を貸し付けることによって、小規模宅地等の減額特例の適用が制限されてしまう、特定同族会社事業用宅地等として適用が受けられなくなってしまうということが起こり得ます。

そもそも自己所有の土地建物で個人の診療所を営んでおり、後継者が診療所とその土地建物を相続等すれば、特定事業用宅地等としてその土地の４００㎡までは評価額が80％減額されます。

医療法人化することで、所得税等の節税効果が得られたり、病医院の資産がパッケージ化されて分かりやすくなったり、役員報酬の支給を通じて次世代への生前贈与効果が得られたりといくつかメリットはありますが、元々土地、建物を個人で持っていて、個人のまま承継すれば特定事業用宅地等として４００㎡まで評価額の80％が減額される小規模宅地等の減額の適用が受けられる場合には、医療法人化してしまうことによって、小規模宅地等の減額の適用が変わってしまいますから、単に所得税等の節税効果だけに着目するのではなく、小規模宅地等の減額特例への影響など多面的に検討を行い、本当に医療法人化すべきなのかということをシミュレーションする必要があります。

もちろん、特定同族会社事業用宅地等ではなく、単に貸付事業用宅地でも小規模宅地等の減額特例は使えることは使えますけれども、その対象は２００㎡まで、減額割合は50％です。対象面積と減額割合が大きく減ります。

ただ、医療法人化後に医療法人に貸し付けることによって、土地の評価も変わります。個人でやっている場合の土地の評価は自用地で評価されますが、医療法人に貸し付けることで貸家建付地として評価され、これだけで概ね20％減が見込めます。その上で小規模宅地等の減額の特例を適用して結果どうなるかというシミュレーションが大切です。つまり、個人のまま相続を迎えると土地の評価は自用地だけど、小規模宅地等の減額の特例は４００㎡・80％減、一方で医療法人化すれば土地の評価は下がるけど小規模宅地等の減額の特例は２００㎡・50％減、さあ、どちらが効果的かということです。

シミュレーションの結果によっては、医療法人化せずに相続を乗り切ってから医療法人化しましょうという結論になる場合もあると思います。

医療法人化することへの抵抗感

今、医療法人化するとすれば、必ず出資持分なし医療法人になります。これは第5次医療法改正により手当された措置ですが、当時は自分の資産を医療法人化することで出資持分という形で跳ね返りがない、つまり、事実上の寄附で医療法人化するなどということを了解するドクターがいるのかということが話題になりました。

一番の問題は医療法人を解散するときです。仮に医療法人が解散するとした場合、持分ありであれば、医療法人に残った財産は出資を通じて出資者に戻ってきますが、出資持分なしの医療法人の場合には、解散時に医療法人に残った財産は基本的には国等に帰属します。ドクターにとってはこのことに対するためらいがとても大きいのです。

しかしながら、解散ということは、法人を完全に閉じるということですので、そこには必ず役員退職が伴

◉持分の有無による解散時の違い

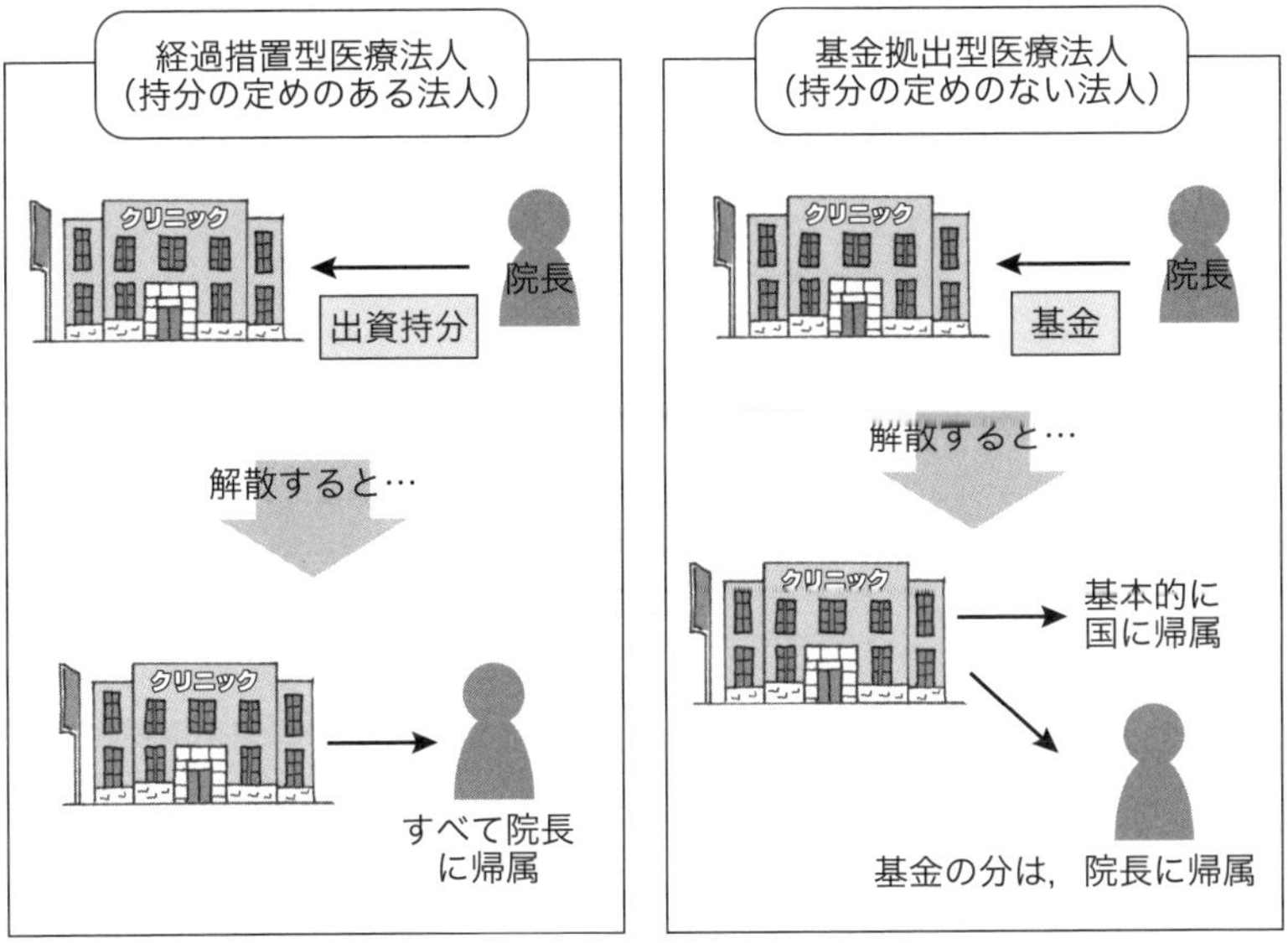

います。

そこで仮に解散という事態に至ってしまうのであれば、解散の事由によりますが（つまり、経営不振による事実上の倒産といったことでなければ）、やっぱり役員退職金をきちんと支給し、できる限り医療法人に残さないように準備をしておくということが大切だと思います。

もちろん、役員退職金の支給には、そのための財源の準備が必要になりますから、その準備のために役員保険などを効果的に活用し、いざとなったときに役員退職金の支給財源を計画的に確保しておく必要もあるでしょう。

ただ、そもそも解散自体がイレギュラーなことですので、必要以上にナーバスになってしまうのはどうかと思います。ある程度の所得があるドクターについては、最初から医療法人化を選択肢から外すのではなく、前述した所得税の軽減効果をはじめとする医療法人化に伴うメリットとデメリットをきちんと整理、検証するべきと考えます。

以前に比べれば、必要以上にナーバスになるドクターは減ったと思いますが、今でも、「国に持っていかれちゃうなら、医療法人なんかしないよ」と言うドクターがいることも事実です。

税理士としては、医療法人化について丁寧なアドバイス、つまり、医療法人化することによってこういう効果がありますというのは説明し、少なくとも医療法人に対する変な誤解、「財産を国に持っていかれちゃう」といったものは、解消することが必要なのではと思います。

第3章　後継者がいる場合——②
医療法人の承継

社団医療法人の2類型——出資持分のある法人とない法人

出資持分と基金はどう違うか

一般的に、個人病医院として数年の経営を経たのちに、所得税等の税負担を軽くするために医療法人化するというのがオーソドックスなパターンです。

ですので、多くの場合、医業承継は医療法人の承継である場合がほとんどです。医療法人の中でも社団医療法人が大半を占めますので、社団医療法人の医業承継について確認しましょう。

まず、大きなポイントは社団医療法人の種類の把握です。

社団医療法人には、基金拠出型医療法人と旧法の経過措置型医療法人の2種類があります。

2種類に分かれた経緯は医療法改正にあります。

平成19年4月1日に施行された第5次医療法改正を受けて社団医療法人が2種類に区分されることになりました。平成19年4月1日以降に設立申請された社団医療法人は、定款に「持分」の定めを置くことが認められなくなりました。いわゆる「持分の定めのない」社団医療法人に一本化されたわけです。

一方で平成19年3月31日以前に設立申請された社団医療法人のうち定款に「持分」の定めを置い

ている医療法人については、「当分の間」、経過措置として持分に関する定めを残しつつ、存続が認められました。この医療法人を経過措置型医療法人と整理します。

なお、経過措置型医療法人として存続し続けるかどうかは、法人自身の判断に委ねられており、あえて持分に関する定めを廃止し、出資持分を無くした上で出資持分の定めのない社団医療法人に移行することも認められています。簡単に言えば、平成19年3月31日以前に設立申請されて今残っているもの（経過措置型医療法人）と平成19年4月1日以後に設立申請されたもの（出資持分の定めのない社団医療法人）又は経過措置型医療法人から持分の定めを削除して出資持分の定めのない社団医療法人に移行したものという3つの整理になります。

出資持分の定めのない社団医療法人は、資金調達の手段として基金制度を採用することができます。基金制度を採用した社団医療法人を基金拠出型医療法人といいます。

では、基金とは何か。基金とは、医療法人に資産を拠出した者に対して割り当てられる資産です。

私は、基金を無利息貸付金と説明します。基金というのは、株式会社にはない概念で非常に分かりにくいのですが、その性質は、法人に拠出した分だけが戻ってくる、その際に一切の利息も付けられない、いわば無利息貸付金です。要は拠出した資産に見合った金額分だけ返済を受けられます。

その上で基金と出資持分との違いを整理しましょう。

出資持分も基金と同じように医療法人に資産を拠出した者に対して割り当てられる資産ですが、出資持分は、基金と違って、医療法人の経営が順調で内部留保が積み上がってくれれば、その価値もどんどん膨らんでいきます。その意味では株式と変わりません。

医業承継の場面では、後継者からすれば先代の頑張りの結果、価値が膨らんでしまった出資持分を承継することになり、承継のタイミングで何らかの税負担が生じる場合が多いのです。

一方で、基金の方は無利息貸付金であって、医療法人に拠出した分しか戻ってきませんから、どんなに医療法人の経営が順調であってもその価値が膨らむことはありません。ですので、

◉医業承継における出資持分と基金の違い

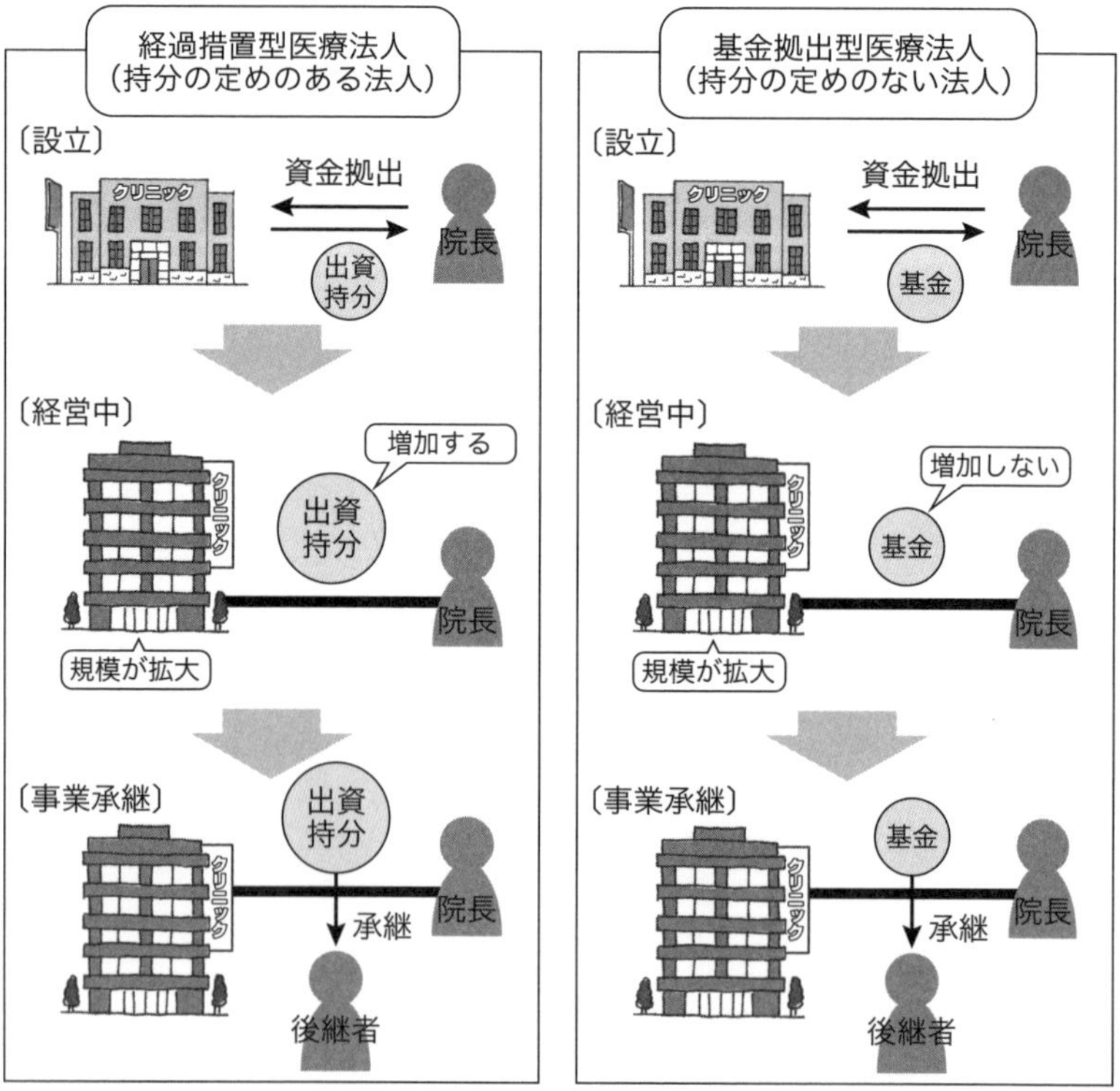

出資持分を承継する必要のある経過措置型医療法人に比べて、事業承継の際の税負担が大きくなることはありません。その視点で言えば、医療法人の経営の頑張りが出資持分を通して個人に跳ね返ってくるのが経過措置型医療法人、個人に跳ね返ってこないのが基金拠出型医療法人と整理ができます。

出資持分や基金を100%相続しても、支配権は移らない

出資持分や基金と医療法人の経営権の関係を整理します。

これからお話する内容は、社団医療法人のガバナンスの点で非常に重要なポイントとなります。重要なポイントとは、出資持分ありの社団医療法人における出資持分、そして基金拠出型医療法人における基金は、医療法人の経営権を裏付ける資産ではないということです。このことは、医業承継の過程でこれらの資産を承継しただけでは、医療法人の経営権を掌握できるわけでないということを意味します。

というのも株式会社であれば、経営権を獲得するためには、株式のシェアを確保することになります。簡単に言えば、株式を全部承継すれば、それと同時に経営権も完全に承継されるわけです。

しかしながら、社団医療法人の場合には、出資持分ありの経過措置型医療法人であっても基金拠出型医療法人であっても、出資持分を全部承継しても、基金を全部承継しても、それだけでは経営権を承継したことにはなりません。

では、社団医療法人の経営権を承継するためには何が必要なのでしょうか。それは「社員の構成を押さえる」ということです。

社員とは、社団医療法人の最高の意思決定機関である社員総会の構成員をいいます。社員の集まりである社員総会が、たとえば、理事や監事を決めたり、理事を解任したりといった社団医療法人の運営上の重要事項を決めていきます。株式会社の株主総会に相当する機関であるといえば分かりやすいと思います。

しかしながら、株主総会における議決権と社員総会における議決権に大きな違いがあります。株主総会における議決権は株主が持つ株式の数となります。一方で社団医療法人の社員総会における議決権というのは、社員1人につき1票と決まっています。つまり、出資持分を何%持っているとか、基金を何%持っているといったことは関係なくて、構成員である社員1人につき1票となります。

また、更に分かりにくいのですが、社員になるために出資持分を持っている必要や基金を持っている必要はありません。つまり、財産を出資をしていない社員や基金拠出をしていない社員が存在します。この議決権の取り扱いが株式会社と大きく異なる点で、医療法人独特のものといえます。

なお、社員というのは、行政の指導で最低3人必要とされています。通常であれば、後継者の家族で社員を構成することになるのだと思いますが、それでも後継者の議決権は3分の1です。100%出資持分を持っていたとしても議決権は3分の1ということです。

ですから、社団医療法人の医業承継を完結させようとする場合、後継者の経営を邪魔しないようにするための社員構成にすることが必要とされるわけです。出資持分や基金を引き継ぐことはもちろんですが、社員の構成にも目を配る必要があるという点には注意が必要です。

なお、社員を入れ替えるためには、社員総会での承認が必要です。要は、「仲間に入れてあげますよ」という承認が求められますので、その手続も忘れずに行っておく必要があります。

ただ、お話したように社員の概念がとても分かりにくいので、結構、社員を蔑ろにしているケースが見受けられます。たとえば社員名簿が全然整備されていないとか、社員が1人1票の議決権を持っているという重要性を知らずに親族以外の第三者をいつの間にかどんどん社員にしてしまっているなどというケースです。

ひどいケースになると誰が社員だか分からないということもあったりします。

社員については分かりにくいからこそ、その構成については、丁寧に、慎重に、大切に対応したいところです。

◉社員と株主の違い

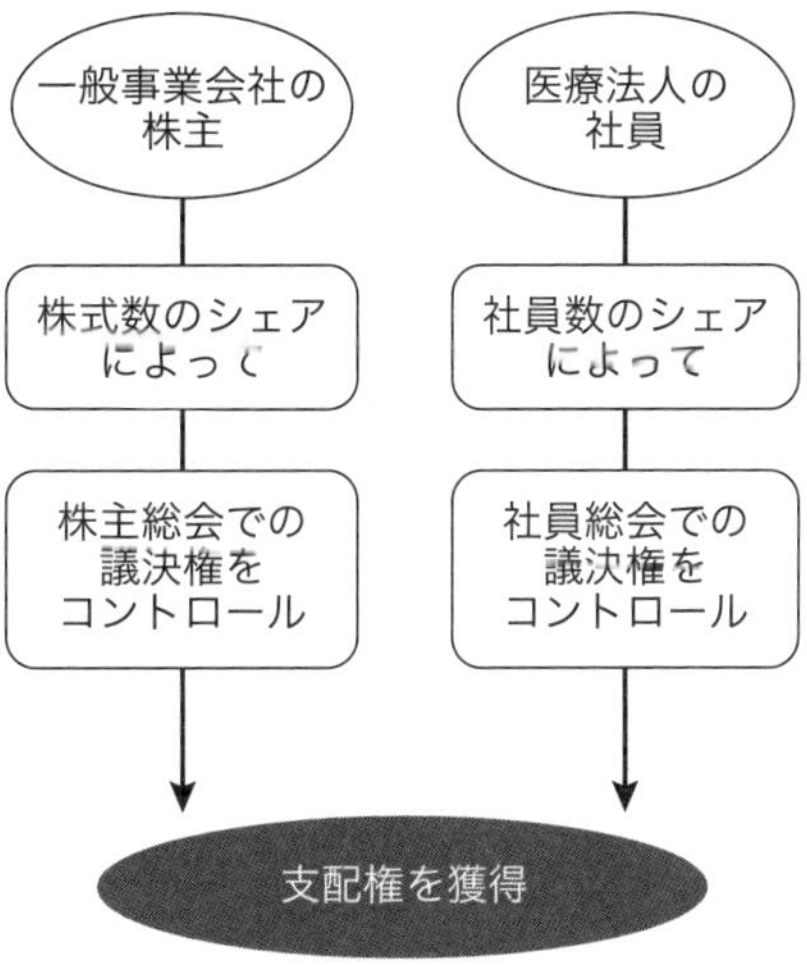

医療法人の乗っ取り

社員の重要性が知られていないことを利用して行われるのが社団医療法人の乗っ取りです。つまり、社員さえ押さえてしまえば社団医療法人は乗っ取れます。たとえば、理事長にコンサルタントを称する人間が近づいて、「私がしっかり責任を持って手伝うから私を社員にしてください」と自分が社員に入り、「専門の弁護士がいるのでこの人も社員にしてください」、「信頼できる税理士がいるのでこの人も」「そしてこの人も」……といつの間にか社員の多数を占めた後に社員総会を開催し、理事長、理事を解任し、あっという間に追い出してしまいます。これが社団医療法人の乗っ取りです。

誰かを社員にするための手続きとして、社員総会の承認が必要にはなります。しかし、社員の重要性に対する意識が薄いとよく分からないままどんどん他人を社員にしてしまうということが起こってしまう可能性があります。

社団医療法人における社員は本当に重要なので私は、絶対に第三者を社員にしては駄目、信頼できる親族以外は絶対に駄目、とアドバイスをしています。

出資持分のある法人（経過措置型医療法人）の承継

1　遺産分割における注意点

換金性の乏しい出資持分。遺産分割には注意が必要

出資持分を承継するに際しての問題点を整理しながら話を進めます。まず、出資持分の承継は必ずしも相続のタイミングで引き継がなければならないというわけではありません。出資持分の評価額が下がるタイミングで生前贈与を行うということも可能です。

そういう意味では、株式会社の株式と変わりありませんが、株式との大きな違いは出資持分には経済的価値がほとんどないということです。

具体的に申し上げると医療法人は配当が禁止されていますので、出資持分を持っていても配当を受け取ることができません。出資持分を持っていても、そこから果実として配当を得られるという仕組みがないということです。

そして、もう一つ、換金性が非常に乏しいということです。

この点は、未上場の株式会社の株式でも同じですが、株式会社と違い、医療法人は上場もできませんし、また、自己株式として会社に買い取ってもらう手段もありません。

換金できるとすれば、社員を退社するタイミングで払戻請求権を行使して払い戻しを受けるか、医療法人の解散時に残余財産の分配を受けるかです。社員を退社するということは医療法人の経営に直接関与できなくなることを意味しますし、解散は医療法人が消滅することですので、いずれもハードルが高いお話です。

このように換金性が乏しい資産であるにもかかわらず、相続税・贈与税を計算する際の財産評価においては株式会社における株式と同じように評価額を計算することが求められます。

経済的価値がほとんどないにもかかわらず、相続税や贈与税といった税負担については相応に求められるという資産ですので、医療法人の経営に関係ない人がもらっても却って厄介な財産でしかないわけです。

加えて、株式会社などに認められている事業承継税制や中小企業における経営の承継の円滑化に関する法律（以下、「経営承継円滑化法」）に定める遺留分計算上の固定合意、遺留分計算からの除外合意といった特例も活用できません（そもそも医療法人は経営承継円滑化法の対象外）。医療法人では、出資持分を円滑に相続・承継するための制度的なバックアップというのは少ないんです。

固定合意と除外合意

経営承継円滑化法の固定合意と除外合意について簡単に触れます。

最初に固定合意についてですが、たとえば、株式を生前贈与したとします。その後、相続が発生した場合に遺留分を計算する必要が生じたときは、生前に贈与された株式も遺留分計算の基礎となる財産に含まれますが、その時の価値は相続時の価値で計算されることになります。

仮に株式の贈与を受けた後に後継者の方が会社の経営を頑張って、その結果、相続の時点で株式の価値が膨らんでいると、この価値が膨らんだ状態で遺留分の計算がされてしまいます。株式を承継すると同時に事業を承継した後継者にとっては、会社の経営を頑張れば頑張るほど遺留分の計算においては自分の首を絞めることになるというわけです。

でも、経営承継円滑化法の固定合意を活用すれば、遺留分計算の際に算入すべき株式の価格を事前に合意した価格とすることができます。つまり、生前に固定合意というのが得られれば、株式については贈与のときの価格で遺留分の計算ができるようになります。その結果、贈与した株式については、贈与後の値上がり部分について遺留分計算の基礎から外すことができます。

一方、除外合意とは、そもそも生前贈与された株式については遺留分計算の基礎となる財産に含めないことに合意することです。

もちろん、どちらの合意も推定相続人全員の同意が必要とされますので、ハードルは高いといえますが、とはいえ、円滑な事業承継のためにこのような制度が準備されています。

が、医療法人は、経営承継円滑化法の適用除外ですので、これらの制度は準備されていません。

そういう意味では、株式会社の事業承継より一層の遺留分対策が必要とされます。

出資持分の払戻請求権

出資持分は換金性の乏しい財産ではありますが、前述のとおり、社員を退社する際に払戻請求権を行使することで換金することは可能です。

払戻の経済的効果は、株式会社の自己株式買い取りと同じです。

つまり、出資を失う代わりに医療法人から金銭等の資産を受け取ることになります。

払戻については、医療法に明文化された規定があるわけではなく、持分の定めのある社団医療法人の定款にこの払戻に関する定めが置かれています。具体的には、「社員資格を喪失した者は、その出資額に応じて払戻しを請求することができる。」という定めです。

定款にこの定めがある社団医療法人は、持分の定めのある社団医療法人と判断できます。

なお、この定めは、社員資格の喪失、つまり、退社する際に退社する者が持っている出資持分については、その出資額に応じて払戻が受けられるということを意味します。

あくまでも社員資格の喪失が前提ですので、出資持分の所有者が社員である必要があります。

また、「出資額に応じて払戻し」と書かれているように、実際に払い戻される金額は、退社時の医療法人の純資産額に退社する社員が有していた出資額の割合に応じた金額を基本とします。

たとえば、A氏が800万円、B氏が200万円をそれぞれ出資し、社団医療法人を設立したとして、その後、経営が順調に推移し、医療法人の純資産額が10億円となった時点でA氏が社員資格を喪失し、払戻を受けるとしたら、原則は10億円×800万円÷（800万円＋200万円）で計算された8億円が払戻金額となります。

この「出資額に応じて」の考え方については、判決でも種々の議論のあるところであり、一概には言えませんが、いずれにしても数少ない換金手段のひとつであることは間違いありません。

払戻に応じる社団医療法人にとって厳しいのは、必ずしも純資産額を基準に計算された払戻金額に見合う現預金があるというわけではないということです。医療法人の資産は、その時々で建物や医療機器であったり、医業未収金であったりと経営を通じて様々な形の資産に変わっているためです。払戻に応じるために医療法人が資産を売却するなどの対応を迫られますと経営が続けられなくなってしまいますし、払戻資金を確保するために銀行融資を受けるのも経営状態を悪化させるだけです。

そういう意味で、払戻は社団医療法人にとっては経営上の脅威でしかありません。

後継者への集中承継の必要性

出資持分は経済的価値がほとんどないにもかかわらず、相続税評価は株式会社の株式に準じて行われるし、医療法人にとっては、払戻という経営上の脅威となる厄介な資産であることはお分かり頂けたと思います。

もっと分かりやすく言えば、医療法人を承継するために仕方なく後継者が相続するものと言えます。

では、仮に後継者以外の方が出資持分を相続した場合にはどのような事態を招くのか、考えてみます。

後継者以外の方にとっては、出資持分は持っていても配当ももらえないし、換金手段も限られているので、持っていても仕方がないという状況になります。極論すれば、後継者以外の方にとっては出資持分を持っていても経済的には何のメリットもありません。

ただ、中には、この辺りの認識が甘くて、たとえば、後継者の兄と後継者以外の弟がいるケースで、兄弟仲良く半分ずつということで、安易に出資持分を半分で相続させてしまったりするケースもあります。兄弟半々ですので一見美しいお話に見えるのですが、そのような場合に何が問題になるかといいますと、前述したとおり後継者以外の方にとっては、経済的には、何のメリットもない資産であるにもかかわらず、後継者以外の方がいつの間にか財産持ちになってしまうということも起こり得ます。

以前、私がご相談を受けたケースとしては、普通のサラリーマンの方が悩んでいるということがありました。

といいますのは、その方の父親が亡くなられた際に父親が経営されていた医療法人の出資持分をその医療法人を引き継いだ兄と自分とで半分ずつ相続したということでした。当時は全く気にしていなかったんだけれども、その後、お兄さんがものすごく頑張って経営して、業績もうなぎ上りで規模もどんどん拡大していったそうです。その方は最近の終活ブームに触発されて、自分ももうすぐ定年だということで色々と振り返ってみたときに、自分は普通のサラリーマン生活をしてきたんだけれども、どういうわけか父親の相続の時に医療法人の出資持分を相続したことを思い出したということです。父親の相続の際によく理解しないまま出資持分を相続し、相応の相続税を支払った記憶が蘇ったのですね。そこでもしも、自分に相続が発生したらどうなってしまうのかということで確認したら、出資持分は自分の妻や子供たちに相続され、当然のことながらその際に相続税が発生するということに気付いたそうです。しかも、お兄さんが医療法人の経営を頑張った結果、自分の出資持分の価値が知らぬ間に億単位に膨らんでいて、自分もいつの間にか億万長者になっていて、このまま自分に相続が発生したら何億円の価値にもなっている出資持分を妻や子どもたちが引き継いで、莫大な相続税を払わなきゃいけない。とてもじゃないけれども、自分の財産でそんな相続税を払えないので、どうしたらいいでしょうかという相談でした。

実際にこのようなご相談を頂くケースは稀ではありますが、でも、こんな状態に陥っているケースというのはたくさんあるはずなんです。出資持分は、医療法人の経営に関係ない人にとっては経済的メリットは何にもないのに相続税には怯えなきゃいけないという非常に厄介な財産であるということが一番分かりやすく現れる事例です。

このようなケースを鑑みても、この出資持分というのは医療法人の後継者以外の方が相続しても何のメリットもない財産であるということをしっかり認識をしておかなければなりません。

仮に後継者以外の者が相続したとして、持っていても何もメリットがないばかりか将来の莫大な相続税を考えれば、こんなものは必要ないとなるのは必然です。

この場合、換金手段がないわけではありません。前述しましたが、出資持分には払戻請求権があって、まあ、簡単にいえば、自分は医療法人の社員を抜けるから、自分が持っている出資持分について医療法人に買い取ってくださいと請求することができる権利が備わっているんですね。いざとなれば、この権利を行使することを検討することになります。ただし、この払戻請求権の行使は、その方が社員でなければなりません。

また、この権利を行使すること＝医療法人に負担を強いることですので、医療法人の経営を引き継いだ後継者からしたらたまったものではありません。場合によっては、このことをきっかけに兄弟関係の決裂なんてことになりかねません。実際に行使されなくても、いつ、どのタイミングで行使されるのか、後継者は怯えながら経営しなければならないことになります。

このようなことまで見据えて、出資持分の相続を考えていかなければならないんですね。

現実問題として、後継者以外の方から前述したようなご相談を受けたとして、じゃあどのようにお答えしようかとなると、行使するかどうかは置いておいてもしも、その方が社員である場合には、やっぱり払戻請求権のお話はせざるを得ないと思います。

仮に相続を乗り切ったとしても、つまり、世代が次世代に移ったとしたら、その後の関係は兄弟からいとこの関係になりますよね。兄弟よりは当然コミュニケーションが難しくなることが想定されますので、まだ比較的コミュニケーションが取りやすい兄弟関係の間に、後継者に理解を得ながら換金をしていくことを試みていくという話になると思います。

払戻しようとすると少なくない金額でしょうから、金額的にどう折り合っていくかというコミュニケーションができるのは、いとこ同士よりも兄弟関係だと思います。やっぱり世代が変わってきちゃうと、なおさらそういうデリケートなコミュニケーションというのは取りにくくなりますしね。取りあえずという格好で兄弟3人で分けたとか、こういう問題が起こり得るということを想定せずにあまり深く考えもせずに仲良く兄弟で分けようとして、こんなふうになってしまっているケースというのは結構あると思っています。

また、実際、払戻で対応しようとすると他の出資者との間で贈与税の問題が生じる場合があるんですね。出資者間で価値の移転があったものとされてしまうということです。

たとえば、本当は300の価値がある出資について、100だけ払戻を受けたとしましょう（次ページ図）。すると、残りの200を医療法人に残してくることになります。この医療法人に残してしまった200は誰のものかというと残った出資者のものと考えます。つまり、払戻を受けて医療法人から出ていった出資者から医療法人に残っている出資者に対して価値移転があったものとされ、医療法人に残った出資者に贈与税が課税される可能性があるのです。

当人同士の意思にかかわらず贈与税が発生するので、私はよくこの贈与のことを〝とばっちり贈与〟と説明することがあります。払戻に関係していない人達にとばっちりの贈与が起こり得るので、払戻の金額もただ安ければ良いというわけにはいきません。その辺りも上手に見極めながらやっていかなきゃいけないということです。

以上のように医療法人の出資持分を分散させてしまうとやっぱり碌なことにはならないということをご理解頂けたと思います。

色々な事情があるものと思いますが、やっぱり基本は後継者への集中承継です。

実際、私が出資持分の承継を支援する場合には、後継者に集中承継させるようにアドバイスすることが基本です。

以上のように出資持分は非常にやっかいな資産ですので、後にお話ししますけど放棄してしまうということも有用な選択肢ですね。出資持分を放棄することで出資持分のない社団医療法人に移行してしまえば、出資持分という財産がなくなるわけですから相続税負担をはじめとする様々な問題は生じません。

前述しましたとおり後継者にとっても出資持分を持っていても現実として経済的メリットはないわけです。ですから、兄弟間で合意して、じゃあ持分なしに移行しようと。

◉一部放棄によって生じる贈与税課税

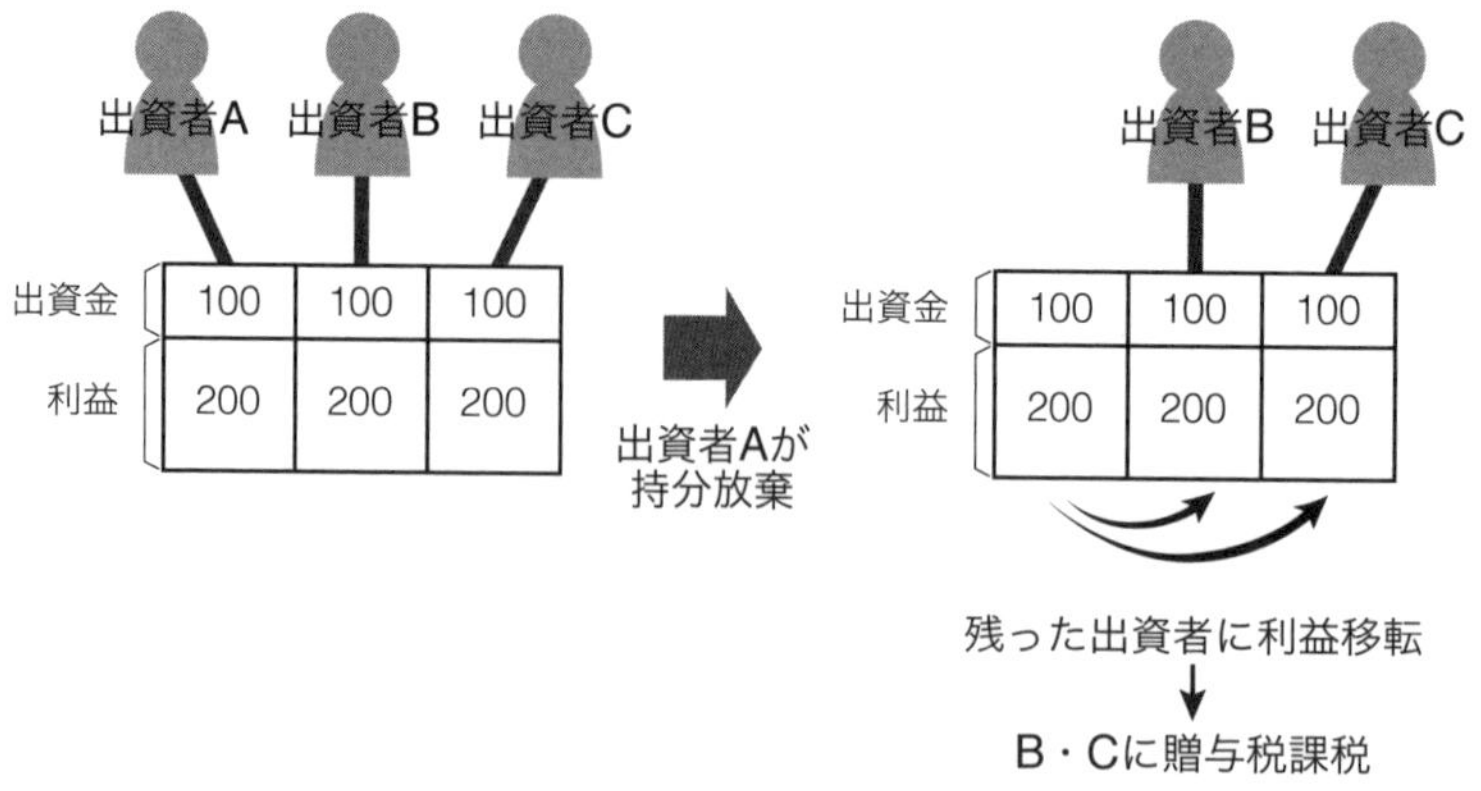

それであれば、変な感情的なしこりも残らないですよね。出資持分が分散してしまった場合、それを解消しようとすると医療法人からお金を払わなければならない場面も起こり得ます。後継者からすれば、理屈では分かるけれども、自分が頑張ってきた医療法人の財産を幾ばくか渡さなきゃいけないとなれば、それは感情的になかなか面白くない場合も出てくるでしょうから、そういう意味でもやっぱり放棄というのは、現実的な選択肢の一つなんだろうと思います。

株式が分散してしまうケースは、株式会社でもよくあることですが、株式会社であれば相続のタイミングで強制的に買い取りができたりという仕組みがありますが、医療法人の場合には、そういう仕組みはありません。逆に株式会社の場合には、株式のない会社に移行する仕組みはありませんよね。ちなみに、出資持分が後継者に移っていくプロセスにおいて、議決権の承継という点については、株式会社とは少し事情が異なります。たとえば、生前贈与で移していこうという場合には、一気に後継者に贈与するパターンもあれば、少しずつ連年贈与みたいな形で後継者の方に渡していくパターンもあります。株式会社の場合には、基本的には株式を一気に移すと当然後継者に議決権も一気に移りますよね。場合によっては議決権を握った後継者が現オーナーを追い出すなんてことも起こり得るわけです。まあ、黄金株を導入したり、信託を活用したりして、現オーナーに議決権を残すこともできますが、少々大掛かりになります。

その点、医療法人の場合には、出資持分と経営権は一切関係しません。ですから、経営には残りながらとにかく出資持分だけをずっと後継者の方に連年で渡していくということが可能です。理事長をやりながら大学の医学部に在学中の後継者に渡していっても全く問題ありません。

医療法人の場合は、後継者に１００％出資持分が移っても、後継者が社員にならない限りは何にもできません。ですから、状況が許せば、かなり早い段階で出資持分の生前贈与に着手できるといえます。ただ、状況が許せばですよ。出資持分を贈与した後継者が確実に医療法人の経営を引き継いでくれること、これが大前提です。

配当ができない医療法人は内部留保が膨らみやすい

13頁で遺産のアンバランス問題について話をしましたが、出資持分ありの医療法人の場合は、どうしても遺産のアンバランスに陥りがちになります。

といいますのも、医療法人の出資持分は、配当ができませんので、基本的には医療法人が獲得した利益から法人税等を支払った後の利益がそのまま医療法人の内部留保を形成していきます。

ですので、業歴が長かったり、業績がよかったりすると、医療法人が獲得した利益がどんどん内部留保として蓄積され、それがそのまま出資持分の評価に跳ね返るという格好になってしまうので、いざ相続を迎えたときに、思った以上に出資持分の評価額が高くなり、遺産の構成が出資持分に偏っちゃっているということになりやすいといえます。

その一方で、出資持分は後継者に集中させるべしということがありますので、出資持分を後継者に集中させようとすると後継者以外の方の遺留分の問題などが起こるわけです。

対策①：資産の中で出資持分が占めるウェイトを把握しておく

ですので、理事長がある程度の年齢になられたら、そのアンバランスがどの程度なのかということを把握することが大切です。遺産全体を見て、その中で出資持分がどれくらいのウェイトを占めているのかということを、まずしっかり把握するということです。

たとえば、金融機関の皆様の中には出資持分の評価額を概算で算出するサービスなどがあるかと思いますが、報告の際に単に「高いですね」で終わりにするのではなくて、その先にある遺産のアンバランスの可能性についてきちんと気付きを与えて差し上げることで更に深いアプローチに繋がります。そのアンバランスの具合が分かれば、出資持分に負けないだけの資産、簡単にいえば、後継者以外の方に相続のタイミングである程度渡せる資産、これを意識して計画的に形成していくということなどの支援を見出せるかもしれません。

対策②：ＭＳ法人を利用する

15頁で説明しましたが、遺産分割をファミリーの繁栄の源泉である医療事業からの利益をどう分けるのかという観点で言えば、ＭＳ法人の活用は解決策の一つだと思います。簡単に言えば、ＭＳ法人をファミリーカンパニーとして活用するイメージです。

遺産のアンバランスを相続一時点、遺産分割一時点で解消しようとするとなかなか難しいと言えます。そこで、ＭＳ法人を活用し、出資持分を相続する後継者以外の相続人に継続的に経済的利益が帰属する仕組みを作っておくということです。

要するに相続のタイミング一発では、確かにアンバランスな相続になってしまうんだけれども、相続を経た後は、継続的な経済的利益を後継者以外の方に渡せる仕組みをきちんと作るので、まずは遺産分割を乗り切りましょうというアプローチですね。

ちなみにＭＳ法人は、一昔前は税額軽減のための器として活用されていましたが、最近では、消費税負担の観点からＭＳ法人の活用そのものを見直す動きも強まっています。と言うのも、保険診療が中心の医療機関の場合には、どうしても消費税の課税売上割合が低いので、ＭＳ法人との取引を行うことで、いわゆる損税が膨らんでしまうんですね。それに加えて、医療法ではＭＳ法人との取引について一定規模以上の取引については都道府県に届けなさいという情報開示が求められます。

ですから、もしＭＳ法人の活用を考えるんであれば、今申し上げたようなファミリーカンパニーとしての所得分散

◉MS法人との取引を行う場合の消費税問題

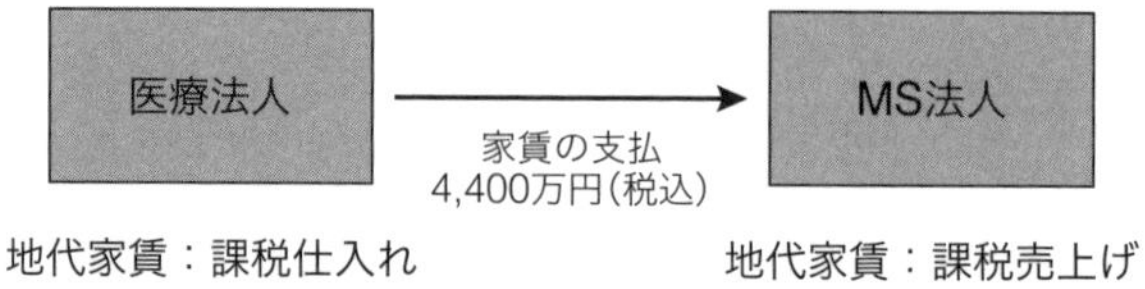

課税売上割合10%

→ 消費税が課税される売上の全売上のうちに占める割合

➡医療法人の場合は低い

	医療法人	MS法人	グループ負担
自己所有	—	—	—
MS法人所有	仕入税額控除 △40万円	納付消費税額 400万円	360万円 負担増

機能とか、後継者以外の方への経済的利益の供与とかという観点が必要で、それらの観点からMS法人の必要性、活用を考えていく必要があると感じています。極論をいえば、一昔前に存在した節税メリットはほとんどなくなってきています。MS法人との間で大きな取引をすればするほど、グループとして消費税負担が重くのしかかってきます。が、医療法人が自前で対応すれば、消費税負担も出てこないわけですからね。その辺りも踏まえて、MS法人の活用を検討すべきです。

対策③：保険を利用して遺留分放棄を促す

生前に遺留分放棄を促すというケースです。

オーソドックスではありますが、資産の組み換え、生命保険の活用ですね。たとえば現預金が4億円で出資持分が4億円だったとします。相続人は長男と次男の2人で医療法人を引き継ぐ後継者は長男で、次男は医療法人を引き継ぎませんというケースを考えます。たとえば、次男には最低限として遺留分に相当する額だけを相続させるとします。これだと、長男が出資持分を相続している分、相続した現預金で相続税を支払えないことになり、自前の現預金を準備しなければならないことになります。

そこで、現預金の一部を生命保険に変えます。たとえば、2億円を長男を受取人とする一時払い終身保険にします。こうしますと保険金は遺留分の計算対象外となりますので、遺留分の対象は6億円となり、次男の遺留分は1・5億円になります。次男には、一応法律上では1・5億だけ渡して、残りを全部長男に渡せば納税も乗り切れることになります。もちろん、次男の感情が許せばという前提になりますけどね。

逆に次男を生命保険金の受取人にするという活用法もあり得ます。同じ条件だとした場合に次男を受取人として1・5億円の一時払い終身保険に加入します。こうしておけば、保険金は遺産分割を経ることなく、確実に次男のものとなります。もちろん、保険金に対して相続税は課税されますが、生前に確実に次男に渡せる資産を保険という形で準備することで可能であれば遺留分放棄をしてもらうということですね。いわゆる、生命保険の遺言効果の活用です。

この場合のポイントは、長男と次男に、特に次男に相続を経た後に残る遺産を示すということでしょうか。図で言うところの納税検証の部分ですね。税金を支払った後の手残りをきちんと開示するということです。長男は出資持分を相続することで相続税を支払っ

◉保険を利用する場合のシミュレーション

出資持分を長男（後継者）に集中し、次男には遺留分相当額のみ承継

	遺留分	相続財産	相続税額	納税検証
長男		出資持分　4億円 現預金　2億円	2.21億円	▲0.21億円 (2億円−0.21億円)
次男	8億円×1/2×1/2＝2億円	現預金　2億円	0.74億円	1.26億円

預金の一部を生命保険に組み替え、出資持分を長男（後継者）に集中し、次男には遺産分相当額のみ承継

	遺留分	相続財産	相続税額	納税検証
長男		出資持分　4億円 **保険金　1.9億円** 現預金　0.5億円	2.35億円	0.15億円 (2.5億円−2.35億円)
次男	**6億円**×1/2×1/2＝1.5億円	現預金　1.5億円	0.55億円	0.95億円

預金の一部を受取人を次男の生命保険に組み替え、出資持分を長男（後継者）に集中

	遺留分	相続財産	相続税額	納税検証
長男		出資持分　4億円 現預金　2.5億円	2.39億円	0.11億円 (2.5億円−2.39億円)
次男	**保険契約を受けて放棄**	保険金　1.4億円	0.5億円	1億円 (1.5億円−0.5億円)

た後の残りはこれだけだけど、次男はたとえ相続税を支払ったとしても残るものは残るということをはっきりわかってもらうということです。

遺産分割を考える際には、どうしたって、実質的な価値がほとんどない出資持分の表面上の価値に目が行きがちですが、そうではなく、相続税を支払った後はどうなんだということを認識して頂くということですね。見た目上の財産バランスではなくて、実を取るという話ですね。

それを理解してもらった上で遺留分を放棄してもらえれば、出資持分の承継はスムーズに進むかもしれません。

対策④：後継者が若いうちから出資持分を徐々に贈与していく

先にお話しした通り、出資持分は、もう若いうちからどんどん渡しちゃっても構わないという話があったわけですけれども、当然出資持分を後継者に贈与したら、後継者に贈与税がかかります。しかし、出資持分の場合には、移転と一緒に議決権が移るわけではありませんから、通常は株式会社よりは生前贈与がしやすいといえます。つまり、議決権、すなわち、経営権が移転してしまうことを気にしながら、株式の贈与のタイミングを検討しなければならない株式会社に比べて、議決権を気にする必要がない分、後継者が若いうちから出資持分の生前贈与に着手できるといえます。後継者が若いうちから生前贈与に着手できるということは、贈与を段階的に行う、つまり、贈与のタイミングをばらけさせることもできますので。1年あたりの贈与金額を抑えることもできますし、その結果、贈与税の負担も軽減できます。つまり、時間をかけて贈与することによって贈与税負担をばらけさせることができます。

経営権が移ってしまうのではないかと心配して、出資持分の生前贈与をためらうということがあるようですが、それは誤解です。この辺りは、やっぱり税理士が関与し、提案しないと、ドクター自身が意識して行うのは、無理だと思います。まあ、そもそも出資持分というものが分かりにくいですから、結局それなりの年齢になって、相続を意識し出したときに初めて大変さを知る。ふたを開けてみて、評価額がこんなに膨らんじゃっているんだと知る。評価額が膨らんじゃった結果、遺産のバランスが相当アンバランスになってしまっているんだと知る。このパターンが圧倒的に多いのではないでしょうか。

ただ、早い段階で生前贈与を行うということについて、注意点がないわけじゃありません。まず、後継者が確実に決まっていることが大切です。後継者であることが曖昧な状態で生前贈与により出資を積み上げてしまうと仮に別の者が後継者になるとなった場合に収拾がつかない事態に陥ってしまうこともあります。

また、出資持分と議決権はリンクしませんが、社員であれば前述したとおり払戻請求権を持つことになりますので、仮に仲違いしてしまい社員を退社するとなった場合には、生前贈与により積み上がった出資持分に応じて払戻に応じなければならない可能性もあります。

相続税対策という点では、早い段階からの生前贈与は効果的ですが、後継者をどうするのか、そもそも出資持分をどうするのか（出資持分を維持していくのか、出資持分の定めのない社団医療法人に移行するのかなど）といった医業承継の根本の部分がぶれない状態にすることがその前提といえます。

対策⑤：納税資金を残す仕組みを作っておく

納税資金対策は、文字通り、出資持分の評価額が膨らんでしまって、その結果、相続税の負担も大きくなってしまったという中で、その納税をどうしていくかということです。

出資持分という換金性の乏しい財産を相続して、その相続税を払わなきゃいけないというときに、それに見合う現預金も一緒に相続されれば問題ないのでしょうが、そうでない場合には、たとえば、退職金をきちんと医療法人から出せるようにしておくなどの準備を考えておかなきゃいけないですよね。

要するに出資持分という換金性のほとんどないものを相続しなければならないという前提で、それを相続する後継者の側にちゃんと納税資金を残せる仕組みづくりをしておかなきゃいけないということです。

特に遺産のアンバランス対策で後継者が出資持分を相続し、その代わりに後継者以外が現預金を相続するなどとなれば、出資持分しか相続しない後継者はたちまち相続税の納付に困ってしまいます。そういった事態を防ぐために医療法人でちゃんとそれなりの額の死亡退職金を払えるように準備しておくとか、出資持分に負けないだけの金融資産を遺産として残せるようにしておくとか、そういうことを準備しておく必要があるわけです。もちろん、遺産のアンバランス対策とも関連することになりますね。

2　出資持分にかかる相続税の計算方法

類似業種比準価額方式か純資産価額方式の2つ

出資持分の相続税評価額の計算は、一般事業会社の株式に準じて行われます。ただし、医療法人ならではの独特な決まり、たとえば配当が禁止されている点などを考慮して、一般事業会社と少々違う計算方法となっています。

「配当」・「少数株主」という概念はない

類似業種比準価額のいわゆるB（配当）の要素がありません。医療法で配当が禁止されているので当然と言えます。類似業種比準価額は、配当という評価要素なしで計算されます。その結果、C（利益）とD（純資産）の2つの要素で計算されますので、類似業種比準価額の算式上の分母は2になります。したがって、株式会社のように配当をしなければ類似業種比準価額が下がるという関係は成り立ちません。

それと配当ができませんから、配当還元価額がありません。まあ、これは配当ができないことも

◉出資持分の評価方法

〔類似業種比準価額方式〕

医療法人の利益に着目＝業績の良い医療法人は高め

$$\text{評価額} = A + \frac{\frac{(C)}{C} + \frac{(D)}{D}}{2} \times \text{斟酌率}$$

※斟酌率：大会社 0.7、中会社 0.6、小会社 0.5

A ：類似業種の株価（その他の産業）
C ：課税時期の属する年の1口当たりの年利益金額（類似業種：国税庁）
(C)：直前期末以前1年間における1口当たりの利益金額（評価医療法人）
D ：課税時期の属する年の1口当たりの純資産価額（類似業種：国税庁）
(D)：直前期末における1口当たりの純資産価額（評価医療法人）

〔純資産価額方式〕

会社区分		評価額（いずれか低い方）	
大会社		類似業種比準価額	純資産価額
中会社	大	類似業種比準価額 × 0.90 ＋ 純資産価額 × 0.10	純資産価額
中会社	中	類似業種比準価額 × 0.75 ＋ 純資産価額 × 0.25	純資産価額
中会社	小	類似業種比準価額 × 0.60 ＋ 純資産価額 × 0.40	純資産価額
小会社		類似業種比準価額 × 0.50 ＋ 純資産価額 × 0.50	純資産価額

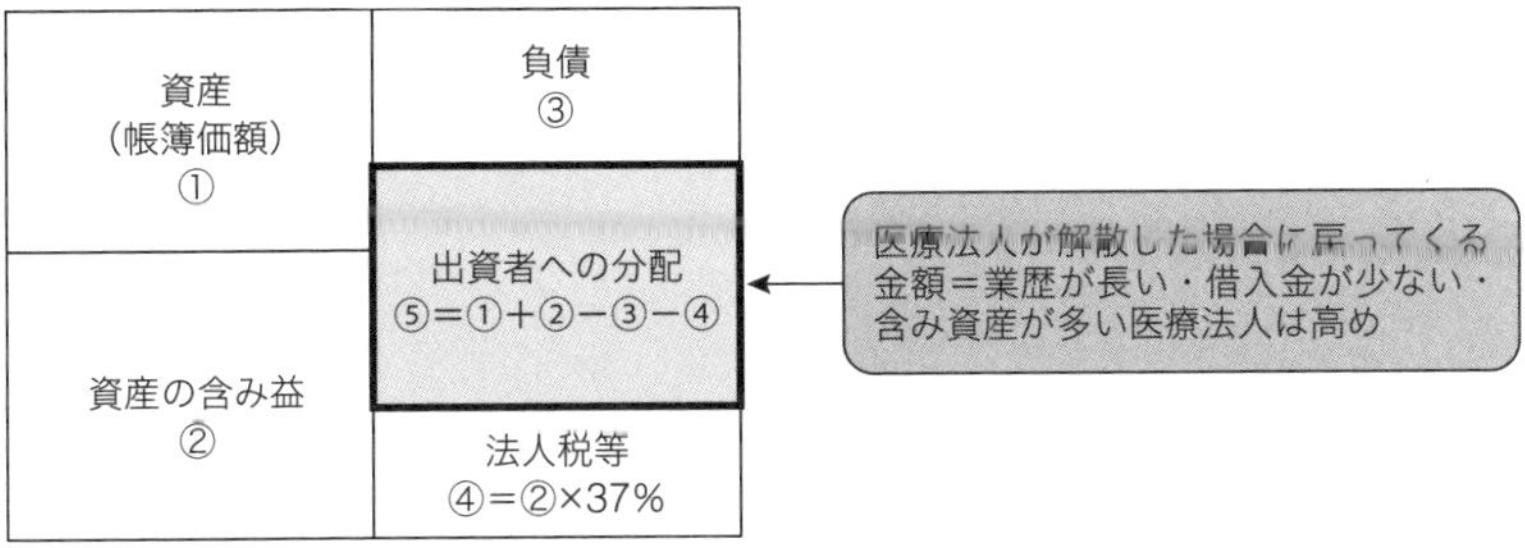

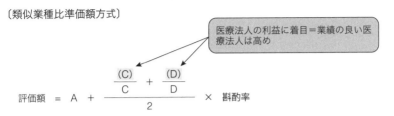

理由ですが、そもそも少数株主という概念がないんですね。先ほど説明しましたが、出資持分のシェアと議決権がリンクしないので、少数株主の概念も、もっといえば同族株主の概念すらもありません。出資者全員が原則評価になります。

また、未上場株式の評価では、純資産価額については、同族関係者の有する議決権の合計数が50％以下の場合には20％評価減されますが、医療法人の出資持分の場合には、出資持分のシェアと議決権がリンクしないため評価減されません。純資産価額は常に１００％で評価されます。まあ、株式会社の場合であっても株式所有割合がオーナー一族で50％以下というケースは少ないでしょうけどね。

このような特性を踏まえ、よくご説明するのですが、医療法人は配当が禁止されていますから獲得した利益を簡単には社外流出ができず獲得した利益が基本的にはそのまま医療法人の中に蓄積されていくので、出資持分の評価額は右肩上がりで上がっていっちゃう、そういう傾向の強い財産ですということです。業績の安定している医療法人であれば純資産が年々厚くなってしまうので、それに伴って出資持分の評価額も上がっていっちゃうということですね。

◉出資持分評価額の傾向

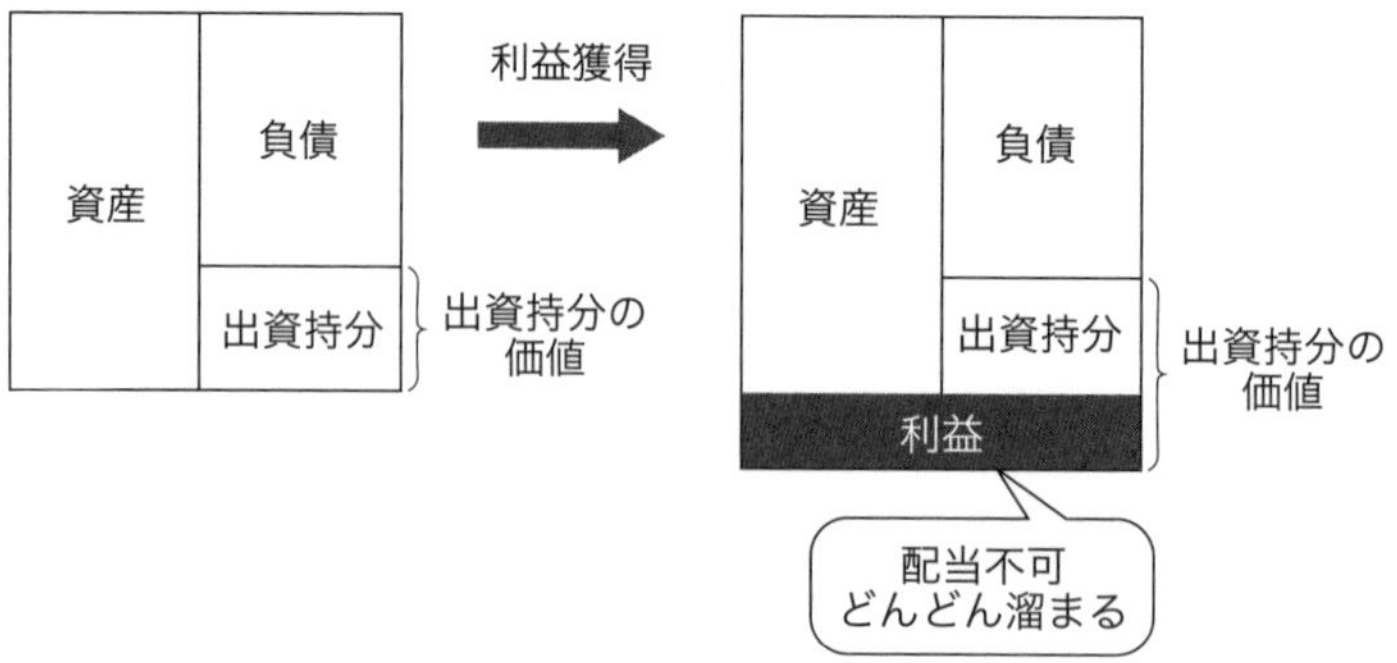

ですので、出資持分の評価額を引き下げるアプローチとしては、純資産価額からアプローチするのは、やっぱり難しいですね。ですから、自ずとターゲットとなる事業年度を決めて、そこに経費を集中して、利益をコントロールすることで類似業種比準価額の引き下げを狙うことが多くなります。

評価を引き下げる方法は限定的

類似業種比準価額の引き下げを狙う場合の具体的な方法は、利益をコントロールするということになります。計画的に経費や損失を発生させ、利益を一時的に圧縮するということです。

とは言え、事業活動をさぼって、たとえば休診日を増やしてまで赤字を出すというのでは本末転倒ですので、一般的には役員退職金の支給ができないかを検討したり、固定資産に関する損失を生み出せないかを考えたりということになります。

役員退職金の支給については、さすがにいきなり理事長に退職してもらってというわけにもいきませんので、たとえば理事長の奥さんなどご親族で理事になっている方で退職可能な方などに退職金を支給するということになるものと思います。

また、固定資産売却損の場合には少し大掛かりになりますが、MS法人に病院不動産を売却するなどを検討することになります。

何が大掛かりかといえば、MS法人側で不動産を購入するとなりますと大きな金額の資金調達を検討しなければならないですし、返済計画もしっかりと検討しなければならないからです。

また、MS法人相手ですので売却価額については不動産鑑定評価を入手する必要もあります。不動産鑑定評価については、一般的には用途が病院ですから低く評価される場合が多いので、ある程度の売却損が見込めたりします。

そして、MS法人に病院不動産を持たせて以後、MS法人から医療法人が賃貸借を受けることになりますが、その際の医療法人側の消費税の負担も考慮する必要があります。

役員退職金の支給も含めて、これらの施策を実行するには、当然、資金調達の検討もワンセットですので、金融機関の方々にとっては重要な勝負どころになりますよね。

なお、類似業種比準価額の引き下げについて、一般事業会社との関係でいえば、利益をコントロールすることでの引き下げ効果が以前よりも少なくなったということがあります。

以前は利益の要素が3倍されていましたので、利益をコントロールすることで類似業種比準価額をかなり引き下げることができたのですが、今は1倍、そのままですので以前よりは引き下げ効果が少なくなっています。

事業承継税制も未整備・政策的な後押しも期待できない

株式会社などいわゆる一般事業会社の事業承継に伴う廃業等が社会問題になっていますから、事業承継税制であったり、民法の特例だったりといった事業承継を円滑に進めるための制度が用意され、かつ、少しずつ使い勝手が良くなっていますよね。

一方で医療法人、特に出資持分の定めのある社団医療法人の事業承継に関してはほとんどと言って良いほど制度の整備が進んでいません。

たとえば、事業承継税制ですよね。株式会社のように「出資持分と医療法人の事業をきちんと引き継いでくれれば、出資持分の承継に伴う相続税、贈与税はその納税を猶予し、最終的にはきちっと免除してあげるよ」という制度はありません。

また、相続税の納税のために会社に自己株式を買い取ってもらう場合の課税の特例、配当所得とはせずに譲渡所得にしてあげますよという特例ですね。あの特例も医療法人には適用がありません。たとえば、出資持分を相続した者が相続税の納税のために退社し払戻を受けたとしてもしっかり配当課税です。

まあ、レアケースでしょうけど、物納についても、医療法人の出資持分は物納財産として扱ってはくれません。

私は、持分の定めのある社団医療法人に対する厚生労働省のスタンスがこれら、つまり、出資持分承継のための制度上、税制上の後押しがないということに表れていると考えています。

もはや、厚生労働省の考える社団医療法人のスタンダードな形は出資持分のないものなんですね。

平成19年の医療法改正の際にやむを得ず経過措置として持分の定めのある社団医療法人を残しま

したが、本音は残したくなかったということなんだと思います。

ですから、出資持分の相続などで困るというのであれば、現在の医療法でスタンダードな持分の定めのない社団医療法人に移ってくださいと。厚生労働省からは出資持分を維持することに寄与する税制や制度の創設に関する議論はしませんと。

私は、今後一切、整備されることはないと思います。そのため、出資持分の維持にこだわるのであれば、相続税負担や遺産のアンバランス問題と闘い続けなきゃいけないということなんです。

医療法人に行為計算の否認は適用されるか

少し話が変わりますが、医療法人といっても税法上は、特定医療法人や社会医療法人以外は普通法人として取り扱われます。

ですから、普通法人として税法の様々な規定が適用されます。

ただし、税法条文で言うところの「会社」であるかどうかについて言えば、医療法人は「会社」ではありません。会社法ではなく医療法をその設立根拠としている法人だからです。

そのため、たとえば、同族会社の特別税率（いわゆる留保金課税）の条文は、「内国法人である特定同族会社は〜」で始まるので、その適用対象は会社に限定しているわけです。したがって、会社ではない医療法人にはその適用はありません。

会社ではありませんから、医療法人にはいわゆる同族会社という概念がありません。法人税申告書の別表二（同族会社等の判定に関する明細書）を提出する必要はないのです。そのため、特定同族会社の留保金額に対する税額、いわゆる留保金課税の適用はありません。まあ、もともと医療法人は配当ができませんから、獲得した利益は必然的に内部留保されてしまいますのでそもそも留保金課税とは無関係の法人ではありますが、配当ができないから適用がないのではなく、（同族）会社ではないから適用がないんです。

以上のように、税法上、「会社」という言葉で規定されている制度は、医療法人には適用されないことになります。

この点について、時々ご質問を受けることがあります。「同族会社の行為計算の否認って医療法人に対しての適用はあるんですか」と。

これは議論のあるところだと思っています。

同族会社の行為計算の否認は、条文の字面を追えば、同族会社ではない医療法人に対してはやっぱり適用はできないんです。

ただ、判例によれば、同族会社の行為計算の否認の趣旨が、実質支配できる法人というものを使ってめちゃくちゃやることに対して、そのめちゃくちゃを否認することにあるのであって、それは医療法人だって同じだということも言われているんですね。

また、3以上の支店等を有する内国法人で一定の要件を満たすものは、同族会社の行為計算の否認の適用対象です。こちらは〝内国法人〟ですから、たとえば3以上の施設を運営している医療法人には適用される余地があります。

以上のことから、私自身は、同族会社の行為計算の否認は単純には医療法人に適用はされない（適用はできない）ものの、医療法人であっても同族会社の行為計算の否認が適用されかねない経済合理性のない取引は厳に慎むべきと考えています。

3　出資持分のある社団医療法人の選択肢

承継方法の選択肢は3つ

持分の定めのある社団医療法人の事業承継の選択肢は、まず、出資持分を維持するのか、出資持分を維持しないのかという選択肢があります。そして、出資持分を維持しないという選択肢が更に2種類の選択肢に分かれます。

結果、大きく3つの選択肢に整理できます。

選択肢①　出資持分を維持する

1つ目の選択肢は、出資持分を維持する前提で医業承継を進めるということです。この選択肢には、当然のことながら出資持分の承継に伴う税負担の問題や遺産のアンバランスの問題が生じます。

税負担を少なくしながら、出資持分を次の世代に持っていこうとする場合には、通常は前述したような評価の引き下げ、つまり、役員退職金の支給や固定資産売却損の実現などを検討することになります。そして、類似業種比準価額を一時的に下げて、その下げたタイミングで生前贈与を行うというのが基本です。その際の贈与ですが、配当ができない医療法人の場合には、内部留保が溜まりやすく、その結果、出資持分評価額が右肩上がりになりやすい傾向にありますので、一時的に評価額が下げられたのであれば、相続時精算課税での贈与を行い、贈与後の評価額の上昇分を相続財産から排除するように贈与することも検討します。

　もちろん、相続時精算課税による贈与は、「今後どうなるか分からないからリスクだよ」なんて言われることが多くて、相続時精算課税で贈与することが本当にいいのかどうしても慎重になりがちです。たとえば、大きな医療事故を起こしてしまって患者さんが離れてしまうとか、大きな天災を受けて大変なダメージを受けてしまうとか予想外のことが起こって、相続時の評価額が贈与時

◉医療法人の事業承継の選択肢

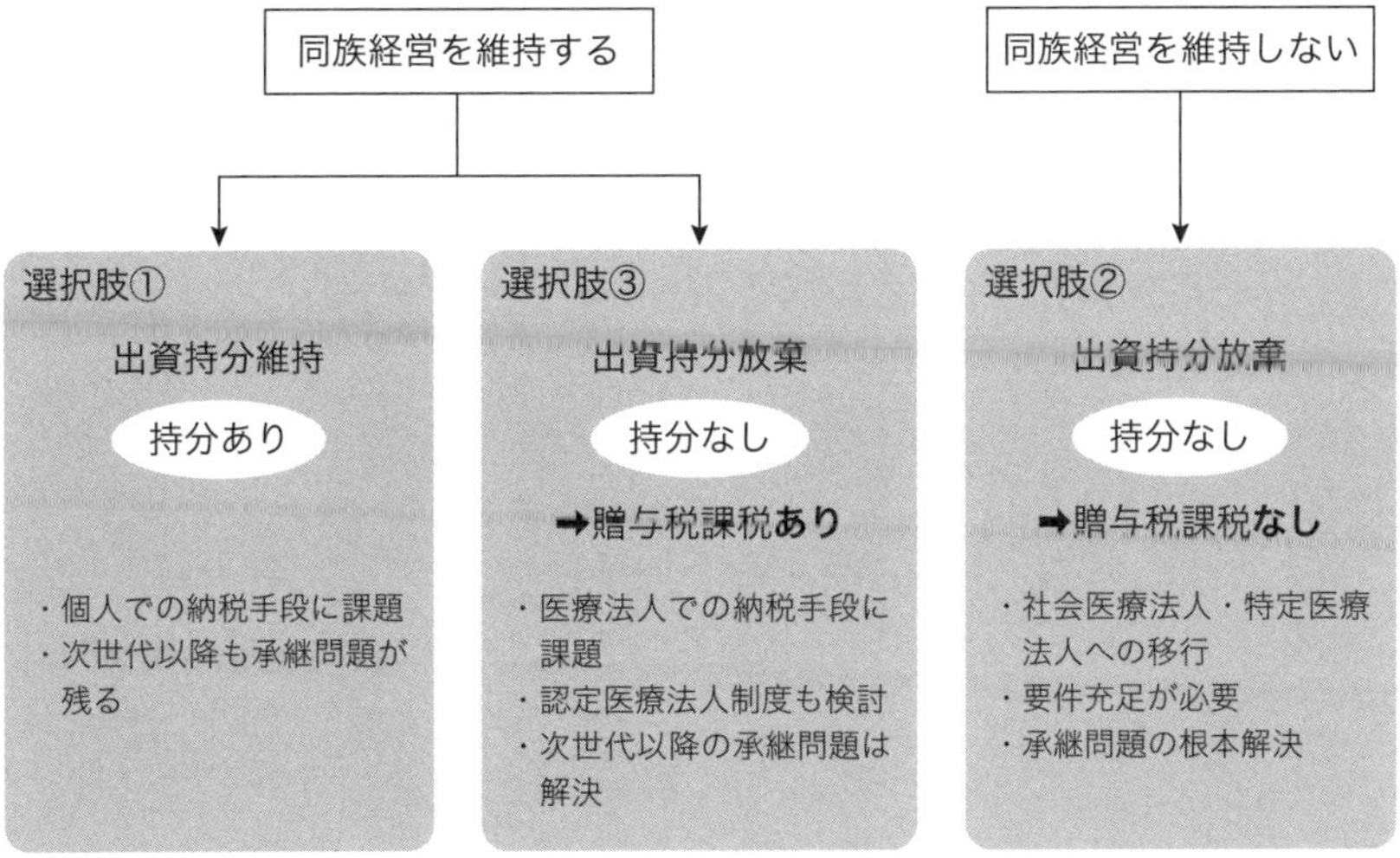

の評価額を下回ってしまった場合には、贈与時の評価額で相続税の課税対象に取り込まれますので、贈与しなければ良かったということになります。

ですから、正直、いかに腹を括るかというお話になってしまうのですが、でも確率論として、やっぱり普通に経営していけば右肩上がりになりがちであることは間違いありませんから、どうしても出資持分を維持していくということがファミリーの方針なのであれば、評価引き下げ対策を行って、一時的に評価額を落として、相続時精算課税で贈与するというのが一般的だと思います。

相続時精算課税制度の有効性

出資持分の評価額を引き下げ、生前贈与を実行する場合、税務上、贈与の方法には2つあります。

1つは、暦年課税。年間110万円までは非課税とされる通常の贈与の方法です。この方法は、贈与される財産の金額が大きくなればなるほど課税される贈与税の税率が上がる仕組みです。評価額を引き下げるとはいえ、出資持分の評価額が相応の額になるので、この暦年贈与で贈与した場合には、出資持分の贈与を受けた後継者側が負担する贈与税が問題になります。

もう1つの方法として、相続時精算課税制度があります。

相続時精算課税制度は、60歳以上の親又は祖父母から20歳以上の子又は孫への贈与について選択できる贈与の方法です。

特徴

1つ目の特徴は、贈与税が課税されない金額が2500万円になります。ただ、この2500万円という金額は、この制度を選択した親子間又は祖父母孫間の間で行われる贈与について一生涯を通じて2500万円ということであり、暦年贈与のように毎年認められるという金額ではありません。とはいえ、2500万円という金額は暦年贈与に比べて大きな金額です。

2つ目の特徴は、相続時、つまり、贈与した側（親又は祖父母）が亡くなった場合に贈与した財産が子又は孫から戻ってきて相続税のかけ直しが行われるということです。ここまでですと贈与時に贈与税が課税された上に相続時にも、かけ直しによって相続税も課税される状態、つまり二重課税の状態になってしまいます。しかし、このかけ直しがポイントでして、相続時精算課税制度で贈与された財産の相続税のかけ直しが行われる際の評価額は、相続時の評価額ではなく、贈与時の評価額となります。言い方を変えれば、相続時精算課税制度で贈与することで、その贈与財産については将来相続税が課税される際の評価額を決めることができます。相続時精算課税制度で贈与しておけば、その財産の評価額が相続時点でどれだけ上昇していてもその上昇分は相続税の課税対象にはなりません。

出資持分の評価引き下げとの関係で言えば、引き下げた後の評価額に基づいて相続時精算課税制度で贈与しておけば、引き下げ効果が無くなり、評価額が元に戻っても、もっと言えば評価額が更に上昇しても、出資持分の相続税の課税対象は引き下げた後の評価額となります。前述のとおり評価が右肩上がりになりがちという点で言えば、相続時精算課税制度による贈与は有効な選択肢の1つです。

3つ目の特徴は、贈与時に支払う贈与税は、相続税のかけ直しの際に計算される相続税から差し引かれます。めったにありませんが、仮にかけ直しの相続税が贈与税よりも少ない場合には、多く納付している贈与税は還付されます。つまり、贈与時に支払う贈与税は相続税の前払いとなります。

選択肢②　特定医療法人・社会医療法人に移行する方法

2つ目の選択肢は、限定的な選択肢ではありますが、特定医療法人や社会医療法人に移行するという選択肢です。

特定医療法人や社会医療法人は、要は公益性・社会性の高い医療法人です。特定医療法人は国税庁長官の承認を、社会医療法人は都道府県知事の認定を受ける必要があります。

もちろん、承認・認定を得るためには、それぞれ求められる要件を満たしているかどうかについて相応の審査が行われます。

実際に高い公益性が求められますので、たとえば、役員構成は3分の2以上が親族以外でなければならないとか役員報酬の上限などが決められてしまいます。また、社会性という意味で言えば一定の規模以上の施設を運営しなければなりません。

この選択肢は、少々乱暴な表現をすれば、自らの医療法人を国や地域に差し出すという選択肢といえます。そのため持分の定めのある社団医療法人の場合には強制的に出資持分を放棄することが求められます。その際、あくまでも国や地域に差し出すという話ですので、次の選択肢③でご説明する出資持分の放棄に伴う医療法人に対する贈与税などの税金は発生しません。そういう意味では税の観点から言えば、究極の相続税対策と言えます。

ただ、この選択肢を選択できる医療法人は限られているので選択する場面は限られているといえます。

選択肢③　出資持分を放棄する方法

3つ目の選択肢は出資持分を放棄する方法です。選択肢②も出資持分を放棄することを伴いますが、医療法人を国等に差し出さずに出資持分を放棄するという選択肢です。

出資持分がなくなるということは相続税の対象となる資産がなくなるということですので、出資持分を承継するという話もないですし、当然、承継に伴う相続税・贈与税の話もありません。

出資持分を放棄するということは出資持分を通じて持っていた医療法人に対する財産権がなくなることを意味します。つまり医療法人が解散したときに医療法人に残った財産はどこに行くのかといえば、国等に帰属するということになります。出資者には戻ってこなくなりますので、出資持分に対して課税を行う根拠がなくなるんですね。

出資持分を放棄すれば、金輪際もう相続税に悩む必要はないし、前述したような遺産のアンバランスとか払戻請求権とかそんなことに悩むことはなくなります。もう恐れるに足らずです。だからこれだけ聞くと腹を括ってしまえばいいのですが、そうは問屋が卸さない仕組みがあります。

出資持分を放棄すれば、個人に係る相続税・贈与税は発生しませんが、その代わりに出資持分を放棄するタイミングで、消滅する出資持分の相続税評価額に基づいて医療法人を個人とみなして贈与税が課税されます。

かなり強引なお話ではあるのですが、出資持分が消滅することで誰が得をするのかという点で言えば、出資者に対する払戻返還義務が無くなる医療法人が得するのだろうと。であれば、そのタイミングで得する医療法人に課税しましょうということです。

それに出資持分を放棄しなければ出資持分が相続や贈与されるたびに相続税や贈与税が発生したはずなのに、放棄に伴って発生しなくなるのであれば、放棄のタイミングで医療法人に精算させましょうと。これが原則の取り扱いです。

◉出資持分を放棄するということ

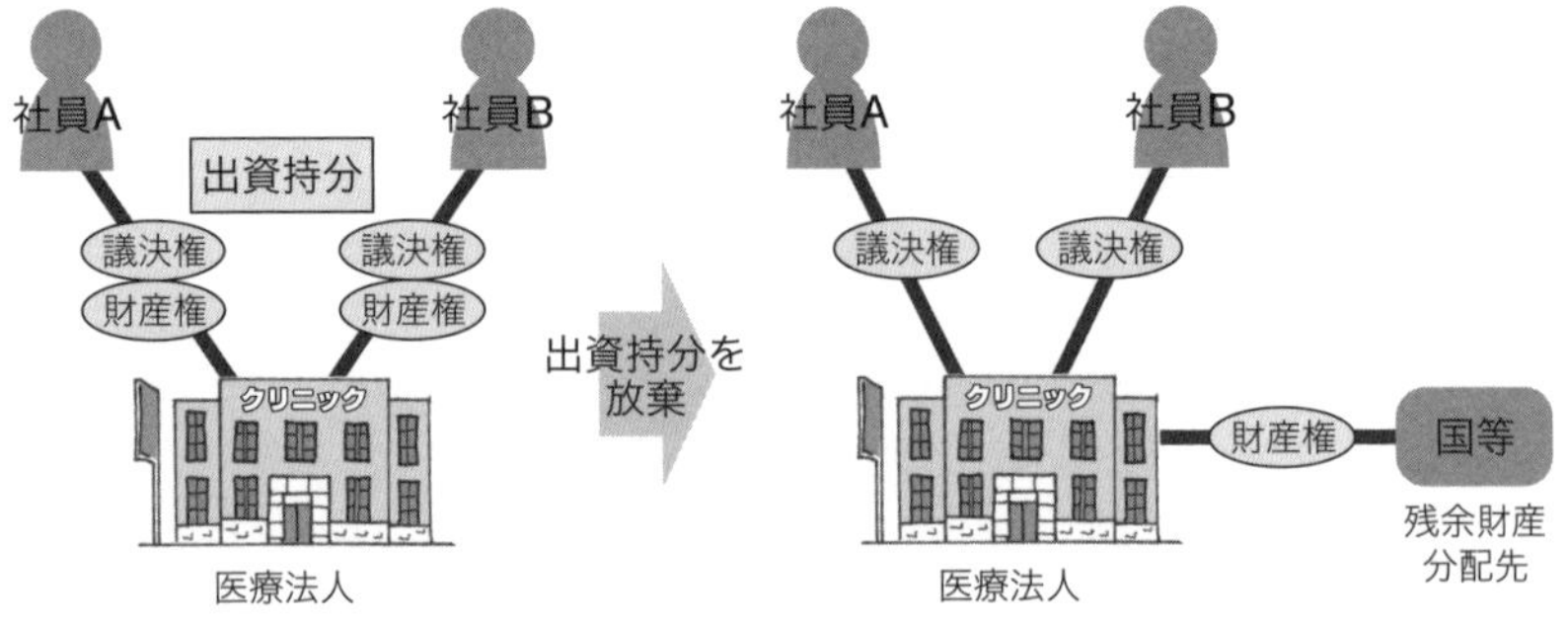

その一方で、当該医療法人が選択肢②で説明した特定医療法人や社会医療法人と同等の要件（本書では、これらの法人並みであるということで「並要件」としましょう）を満たしており、公益性・社会性の高い医療法人である場合には、贈与税を払わなくてもいいよというルールになっています。つまり、出資持分の放棄に際して、公益性・社会性の高い医療法人であれば、実際に特定医療法人の承認や社会医療法人の認定を受けていなくても贈与税は課税しませんということです。

ただし、ここで言う公益性・社会性の高い医療法人であるかどうか、つまり贈与税が課税されない医療法人かどうかについては、税務当局から放棄のタイミングで判断が下されるのではなく、納税者が自ら判断することが求められます。

したがって、出資持分の放棄の時点で、正確には放棄の日の属する年の翌年3月15日、つまり贈与税の申告期限の時点で納税者側が自分のところの医療法人は公益性・社会性が高いと判断し、贈与税の申告をしないと決めるということになります。その後、税務調査を受けて、要件を満たしていないと判断されてしまった場合には、遡って贈与税の問題が生じる可能性があるということです。このように納税者側からすれば課

◉出資持分放棄に伴う医療法人側の課税

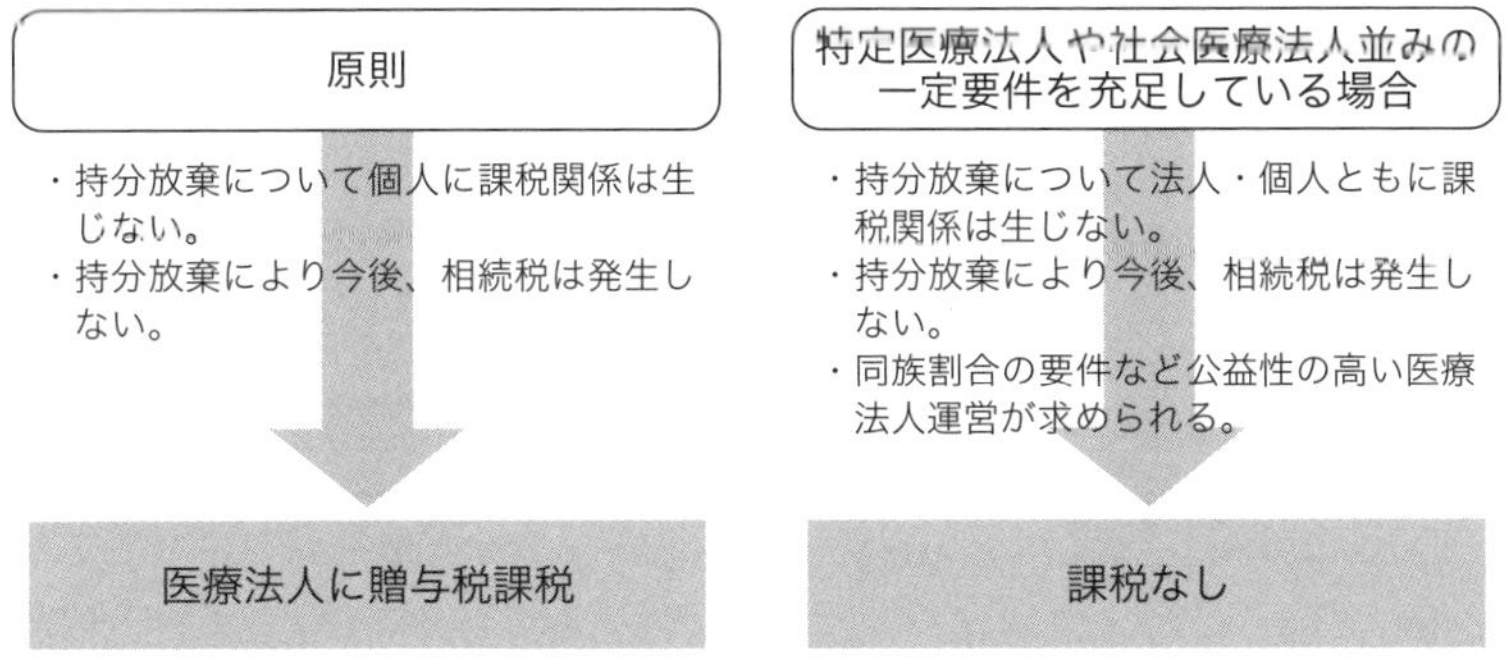
原則
・持分放棄について個人に課税関係は生じない。
・持分放棄により今後、相続税は発生しない。
医療法人に贈与税課税
特定医療法人や社会医療法人並みの一定要件を充足している場合
・持分放棄について法人・個人ともに課税関係は生じない。
・持分放棄により今後、相続税は発生しない。
・同族割合の要件など公益性の高い医療法人運営が求められる。
課税なし

税関係が非常に不安定ですので、なかなか踏み切れないという状況がありました。

もちろん、医療法人が贈与税を負担したとしても個人で莫大な相続税や贈与税を負担するよりもよっぽどいいと判断し、医療法人で贈与税の申告・納付をして出資持分を放棄したケースもたくさんありますが、医療法人の贈与税負担という問題があってなかなか出資持分の放棄が進まなかったということは間違いありません。

そのような背景があり、なかなか出資持分の放棄が進まなかった状況を受けて、制度化されたのが認定医療法人です。

認定医療法人は、持分の定めのある社団医療法人が持分の定めのない社団医療法人に移行するための計画について厚生労働大臣の認定を受けた医療法人をいいます。つまり、出資持分を放棄することを前提とした制度です。

認定医療法人になれば、出資持分の定めのない社団医療法人に移行するまでの間に発生する出資持分に係る相続税・贈与税が納税猶予され、要件を満たせば最終的に免除されます。

納税猶予ですのであくまでも税金の支払いを待ってもらえる制度です。

たとえば、持分の定めのある社団医療法人の出資者の1人に相続が発生したとします。当然、出資持分を相続した者は相続税を納付する必要がありますが、相続税の申告期限までに認定医療法人になれば、つまり、将来的に持分の定めのない社団医療法人になることを約束すれば、その納税が猶予され、その者が出資持分を放棄すれば納税が猶予されたその者の相続税が免除されます。

また、出資者の1人が放棄したようなケースも67頁でご説明しました〝とばっちり贈与〟が起こり、他の出資者に贈与税が課税される場合がありますが、放棄の時点で認定医療法人であればその贈与税は納税が猶予され、その後にとばっちり贈与を受けた者も出資持分を放棄すれば納税が猶予されたその者の贈与税が免除されます。

つまり、認定医療法人になれば、出資持分に係る個人の相続税・贈与税はその者が出資持分を放棄することで免除されます。

さて、出資者の全員が出資持分を放棄すれば、晴れて出資持分のない社団医療法人への移行が完結するわけですが、その際に発生する医療法人に対する贈与税はどうなるのでしょうか。

結論を申し上げると、認定医療法人であれば、持分の定めのない社団医療法人への移行が完了した時点で発生する医療法人への贈与税についても、その時点から納税猶予がスタートします。

つまり、「出資者個人全員の納税猶予の終わり＝医療法人の贈与税の納税猶予のスタート」ということになります。

医療法人の贈与税の納税猶予については、持分の定めのない社団医療法人への移行完了後6年間、毎年、認定医療法人の要件を満たしながら運営を続けているかどうかを厚生労働省へ報告することが義務付けられます。

その間に認定医療法人の要件を満たさなくなったと判断された場合には、認定医療法人の認定が取り消され、医療法人の贈与税の納税猶予が打ち切られます。そして、改めて贈与税を納付するように求められます。その際、納税を待ってもらっていた期間について利子税が発生していますので、その利子税も合わせて納付しなければなりません。

6年間、認定医療法人の要件を満たしながらの運営を続けられた場合には、医療法人の贈与税も免除され、結果、個人・医療法人とも税負担なしで出資持分のない社団医療法人への移行が完了します。

ちなみにこの6年間というのは、贈与税の時効期間なんですね。

さて、この制度の課税判断について整理しようと思います。

医療法人に贈与税を課税するかどうかは、認定医療法人かどうかで決まる仕組みです。認定医療法人であれば医療法人に贈与税は課税しないわけです。つまり、認定医療法人にするということは、その医療法人に対して発生する贈与税の納税を猶予するということです。では、認定医療法人にするかどうかを決めるのはどこかというと、厚生労働大臣なんですね。つまり、この制度において医療法人に対する課税判断を行うのは厚生労働大臣ということになります。

そして、医療法人の納税猶予期間の6年間は、認定が取り消されれば医療法人に対する贈与税が復活するという仕組みですが、認定を取り消すかどうかの判断も厚生労働大臣が行います。言ってみれば、納税猶予期間中は医療法人に対する贈与税の課税権は厚生労働大臣にあるということです。

課税するかどうかを握っているのは厚生労働大臣ですが、6年間の報告は基本的には書面での報告ですので、まあ、細かなところまでは見れませんし、税金のプロの国税当局に比べれば厚生労働省によるチェックですので、あまり厳しいものにはならないと想像できますよね。

ですから、この6年間はついつい油断してしまいがちだと思うんです。緩い制度だなあって。

正直、制度の詳細を知るまでは、私としてはよく国税当局が課税の判断を厚生労働省に移すことについてOKしたなと思ったんですね。

ところが、やっぱりというべきか、この6年間にも国税当局が介入できるようになっているんですね。それが税務署長から厚生労働大臣への通知という制度です。

簡単に言うと、厚生労働大臣が認定医療法人の認定取り消しの事務を適正かつ確実に行う必要があると認めるときには、厚生労働大臣に対して税務署長が一報を入れるという制度です。

◉納税猶予制度とは

認定医療法人について、出資持分に係る相続税・贈与税が生じた場合

▼

全員が持分放棄をすること（＝持分なし法人に移行すること）を前提に納税を猶予する

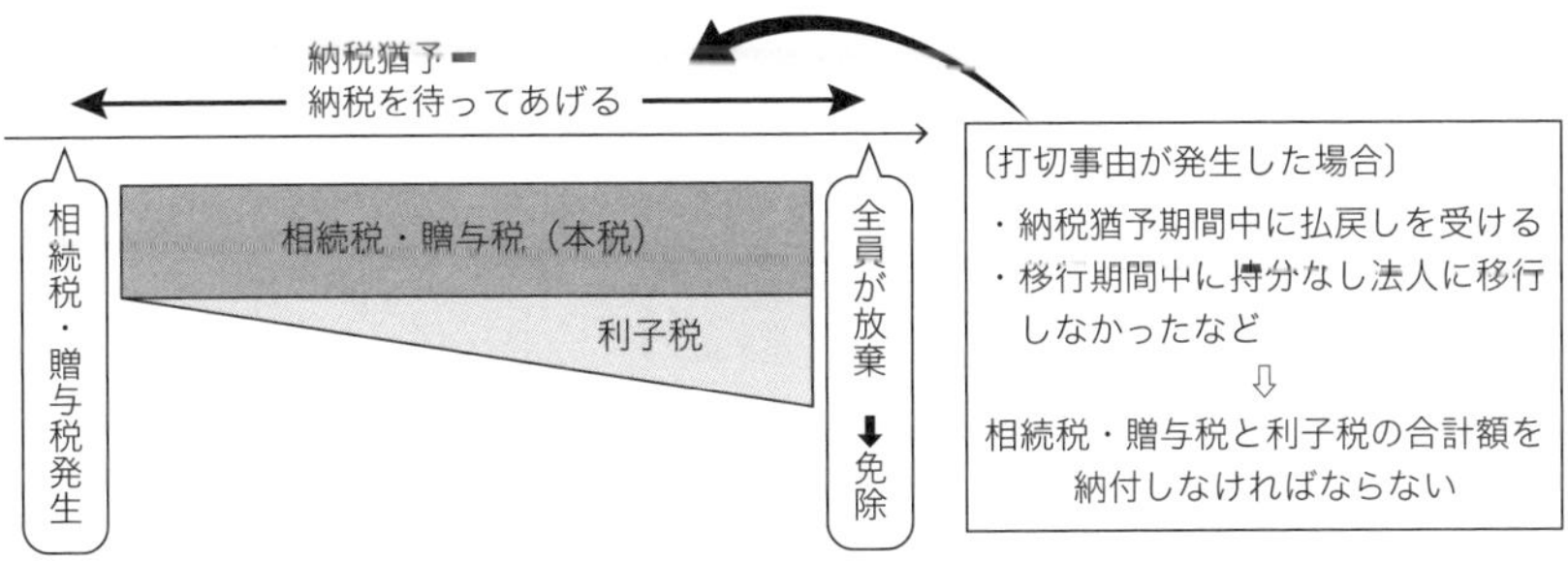

納税猶予＝
納税を待ってあげる
相続税・贈与税発生
相続税・贈与税（本税）
利子税
全員が放棄
免除
〔打切事由が発生した場合〕
・納税猶予期間中に払戻しを受ける
・移行期間中に持分なし法人に移行しなかったなど
相続税・贈与税と利子税の合計額を納付しなければならない

これは何かというと、認定を取り消すかどうか＝医療法人への贈与税を復活させるかどうかの判断は厚生労働大臣にあるわけですが、税務当局としても「認定取り消しの事務を適正かつ確実に行う必要がある」と税務署長が認めた場合には協力しますということです。

たとえば、6年間の間に税務調査を行って、その結果として目に余る取引が発覚し、その認定医療法人の認定取消に値すると判断される場合には、税務署長から厚生労働大臣に対して認定を取り消すべきという通知をしますということなんですね。

全くお仕事をしていない名目上の役員に対して非常に高額な役員報酬を支払っているとか、全く医療事業に関係ない財産を特定の個人から高く買い上げているなどということがあるのであれば、認定取り消しの事務を適正かつ確実に行うべき事象だよねというので税務署長が厚生労働大臣に対して、ちょっと厳しく言えば「認定を取り消せ」という一報を入れられるようになっているわけです。

その一報を受けた厚生労働大臣が認定を取り消せば、医療法人への贈与税が復活するわけで、国税当局からすれば「はい、お帰り」となるわけです。

この制度がどのように運用されるかはまだ分かりませんが、納税猶予されている贈与税の額が大きかったり、過去の税務調査の実績で要注意と思われてしまう医療法人については、納税猶予期間中にかなりの確率で税務調査が行われるのではないでしょうか。

まあ、実際に税務調査が行われてもあんまり乱暴なことはしないと思いますが、ただ、社会通念から見てこれは悪質だと判断されてしまうと、税務当局から厚生労働大臣に、適正かつ確実に事務を行う必要があると認めるときに該当するだろうから認定を取り消せという一報を入れることになるんだろうなって思っています。特に、認定要件にある「特定の者に特別の利益を与えない」なんて要件は、非常にファジーでどうしたって見解が分かれることがたくさんあるんですよね。

ですから、私は認定医療法人になったからといって安心とは言い切れないと考えていて、その前提でご支援をするように心掛けています。

持分の定めのない社団医療法人に移行する法人というのは、認定医療法人を目指していくというのが基本だと思います。ただ、これを嫌がる人もいるかもしれないですね。「6年間ずるずる手続きやんなきゃいけないのかよ」と。めったにないと思いますけれども。

認定医療法人を目指さない場合も、選択肢としては2つあるわけです。6年も先延ばしするくらいなら今放棄して、制度の原則に戻り、放棄のタイミングで医療法人から贈与税を払ってしまう方法です。

あるいは、認定医療法人とはならないまま「特定医療法人や社会医療法人と同様の要件（つまり並要件）を満たしており、公益性・社会性の高い医療法人に該当する」と納税者が自ら判断して贈与税は払わない方法です。これは勝負になり

◉医療法人の贈与税の課税判断

	改正前	現行
認定医療法人	税務要件 （税務署の個別判断）	認定要件 （厚生労働大臣の判断）
認定医療法人以外		税務要件 （税務署の個別判断）

ますね。税務署が来て調査して、「該当しない」との判断をされてしまうことを覚悟のうえで選択することになります。

認定医療法人は、とても使いやすい制度になったことは間違いありませんが、それでも注意しなければならない点はあります。特に医療法人に対する贈与税ですね。制度改正によって認定医療法人であれば、持分のない社団医療法人に移行したタイミングで本来発生する医療法人に対する贈与税については、その納税を猶予しますということが明確になりました。それまでは確証がなかった中で変身していたので。それがもう、認定医療法人であればとにかく贈与税については納税猶予で、一時的には払わなくて済むとはっきりしたわけです。

あと一番大きい変化は、やっぱり同族経営が維持できるようになったことです。前までは並要件で役員の3分の2は他人を入れなきゃいけなかったりしていたのが、基本的には役員数の親族要件は緩和されて誰でも、つまり同族経営を維持しながら変身しても、医療法人に対する贈与税は課税しないという仕組みができたので、分かりやすくて使いやすくはなりましたよね。だから、選択してみようかなとなっていることは間違いないですね。

認定医療法人はなぜ生まれた？

厚生労働省が医療法人の出資持分について大きく見直しを図ったのは、平成19年4月に施行されたいわゆる第5次医療法改正です。この改正以降に新設される社団医療法人については持分の定めのないものしか設立できなくなってしまいました。つまり、スタンダードな社団医療法人は出資持分なしとしたわけです。実は、この改正の際に過去に設立された持分の定めのある社団医療法人も全部一気に持分の定めのない法人に移行させたかった、つまり、出資持分を取り上げてしまおうという気配がありました。ただ、噂ではありますが、これをしてしまうと憲法で保障する財産権を侵害するのではという話になり、法の番人である内閣法制局の判断ではじかれたという話があります。

そこで仕方なく改正前に設立された持分の定めのある社団医療法人については、経過措置を設け、そのまま存続させた上で、それぞれの法人の判断で持分の定めのない社団医療法人に移行できるようにしました。

繰り返しですが、〝スタンダードな社団医療法人は持分の定めのないもの〟なんです。ですから、持分の定めのある社団医療法人の事業承継について、出資持分に係る相続税、贈与税を免除するような税制の整備は一切行われていないどころか、厚生労働省から出される税制改正要望にも全くでてきません。

事業承継の観点からは持分の定めのある社団医療法人は完全に見捨てられている状況と言えます。極端な言い方をすれば、「好きで持分の定めのある社団医療法人に留まっているのでしょう」ということです。

それではということで持分の定めのない社団医療法人へ変身しようと考えたとしましょう。その場合でも簡単に変身できないことは前述のとおりです。税がそれを許さないんですね。出資持分が消滅するタイミングで医療法人を個人とみなして、消滅する出資持分の相続税評価額に対して贈与税が課税されるのが原則です。この課税があることから変身が思うように進みませんでした。そこで変身を促すために認定医療法人制度が生まれました。

きちんと要件を満たして認定医療法人になりさえすれば、もう贈与税は課税しない、つまり、税金の負担なしで変身できるようにしてあげるよという仕組みが作られたのです。

もともと国税当局からすれば、医療法人の出資持分に係る相続については、「大変な問題であることは分かるけど、国税の側からは、一定規模の医療を提供しているのであれば、特定医療法人という仕組みを用意していますよ」と、「そんなに相続が大変だというのであれば、しっかりした医療を提供して、特定医療法人を選択してください」というスタンスだったわけです。

特定医療法人の承認を受ければ、個人も医療法人も税の負担なしで出資持分を消滅できます。

しかしながら、特定医療法人の承認の対象となり得るのは、比較的大規模な病院などです。診療所などはほとんど選択できません。そこでもう少し税の負担なく安心して変身できる仕組みを用意しようということで、制度化されたのが認定医療法人であるといえます。

ほとんど利用されなかった旧制度

認定医療法人は、制度の変遷として2段階あります。

平成26年に認定医療法人制度がスタートしましたが、ここでスタートした制度を第1次認定医療法人とすれば、第1次認定医療法人は出資持分に係る個人の相続税・贈与税は、要件を満たせば最終的にはすべて免除になりました。しかしながら、出資持分が消滅した際の医療法人に対する贈与税は、一定の要件を満たさない限り、免除されませんでした。

個人の相続税・贈与税が免除されるのであれば御の字、医療法人に対する贈与税の負担は仕方ないと認定医療法人を選択されたケースもありましたが、医療法人に対する贈与税負担が足枷となって認定医療法人の活用は思うように進みませんでした。

もちろん、並要件をクリアすれば、医療法人に対する贈与税なしで出資持分なしの社団医療法人に移行することはできたのですが、2つの問題点があったんですね。

1つは前述しましたが並要件を満たしているかどうかの一次的な判断は納税者側で行わなければならなかったことです。つまり、「うちの法人は要件を満たしているから贈与税の納税は不要」と納税者側で判断し、贈与税の申告をしないという形でスタートします。この時点では国税側の見解も分かりませんので、いわば、見切り発車せざるを得なかったのです。並要件を満たしているものとして贈与税を課税しないという最終的な判断は税務署の個別判断に委ねられるので、税務調査の結果、並要件を満たしていないものとして改めて贈与税が課税され得る制度でした。

もう1つは、並要件を満たすためには、同族経営を捨てなきゃいけなかったということです。並要件には役員のうちに占める親族の割合は3分の1以下にしなければならないなどの要件がありました。この要件をクリアーするのは、やはり難しいわけです。基本的に医療法人は同族で経営しているところが多いですから。

これらのことがネックになって第1次認定医療法人はほとんど活用されなかったんですね。

そこで平成29年改正で認定医療法人の要件が見直されます。これを第2次認定医療法人としましょう。大きな変更点として、並要件を原則としつつ、同族経営でもいいよとなりました。ですので、親族関係のない第三者を役員にしたりする必要はなくなりました。加えて、今まで見切り発車せざるを得なかった医療法人に対する贈与税についても、認定医療法人であれば贈与税の納税を猶予し、最終的には免除するという仕組みに変わりました。見切り発車する必要がなくなったわけです。

この見直しの結果、制度が分かりやすくなり、見切り発車もなくなり、使い勝手が大幅に良くなりました。その結果、第1次に比べて活用されるケースが増えています。

持分をなくすということ

持分の定めのある社団医療法人から持分の定めのない社団医療法人へ移行した場合には、後戻りはできません。つまり、非常に重要な決断を迫られるということです。

持分の定めのない社団医療法人に変身すれば、金輪際、出資持分に係る相続税や贈与税に怯える必要はなくなりますし、払戻請求権もなくなりますから安心して経営を続けられます。

しかしながら、その一方で医療法人に対する財産権を失います。つまり、払戻請求権や医療法人が解散した場合の残余財産分配権はありません。また、出資持分と社員総会における議決権はリンクしていないとはいえ、社員であれば出資持分を持っていることで生じる払戻請求権を背景にした間接的支配権ともいうべきプレッシャーはなくなります。更に将来、第三者への承継、いわゆるM&Aを検討した場合には、出資持分がないと売却する手段が限られてくるので少々工夫が必要になります。

このように税の観点だけでは判断できない要素がありますので、その判断は慎重の上にも慎重を期すべきです。また、医療法人の将来にかかわる決断でもありますので、判断に際しては親の世代だけでなく、後継者を含めた次の世代も巻き込んだ家族的議論の末に決めるべきファミリーとしての重要問題であるともいえます。

出資持分をどうするかという問題は、どうしても税の負担に目が行きがちですが、税だけで決めてよい問題ではな

◉持分をなくすメリットとデメリット

メリット	● 出資持分に係る相続税の呪縛からの解放 ● 払戻請求権を行使されるかもしれないという呪縛からの解放
デメリット	● 財産権（払戻請求権・残余財産分配権）の消滅 ● （間接的な）支配権の消滅 ● 将来、仮に医療法人を売却しようとする場合には売却手段がない

↓

決断に際しては、次世代の意向も重要

↓

現世代だけでなく、次世代へのアプローチの機会

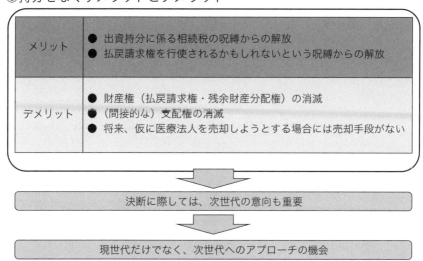

く、ファミリーとしての決断が求められる問題であること、そのような認識を促すことも大切だと感じています。

持分の定めのある社団医療法人の医業承継と金融ビジネス

持分の定めのある社団医療法人の医業承継で出資持分を維持する場合の金融ビジネスのアプローチは、次の図のように整理できます。

検討段階は、金融機関にとっては、主導権を握り、その後のビジネスに繋げる大切なフェーズです。ここでも大切なポイントは、前述しましたとおり、出資持分を維持し、承継するという決断もファミリーの決断であるということです。このファミリーの決断ということがカギでして、次世代を議論に巻き込むことになりますので、金融機関担当者にとってはこの議論に噛むことで次世代アプローチのきっかけになります。金融機関の方とお話しすると、現世代とは顔を合わせる機会も多く、コミュニケーションが図れているけれども、お子さんとはなかなかという話を耳にしますが、検討段階から

●出資持分を維持する場合の金融ビジネス

段階	留意点	ビジネス
検討段階	評価引き下げに係る専門家紹介	●プロジェクトの主導権を握る
検討段階	次世代の意思確認	●次世代の意向が重要 ・次世代アプローチ ・次世代コンタクト
引き下げ実行	評価引き下げ実行	●評価引き下げスキームの提案 ・役員退職金 ・不動産売却損 ●スキーム実行に伴う資金調達支援
引き下げ実行	遺産のアンバランス対策	●保険などの提案により遺産のアンバランスの解消 ●ファミリーカンパニーとしてのMS法人の活用 ●MS法人としての運用

入り込むことで次世代アプローチの良いきっかけになることは間違いありません。

出資持分を維持して医業承継を進めるということであれば、出資持分の評価額引き下げの提案ができます。評価額引き下げは、基本的には医療法人に計画的に損を出させることですので、その過程で資金調達のニーズが拾える可能性があります。

また、同時に考えなければならないのが、遺産のアンバランス対策です。医療法人の後継者、すなわち、出資持分を相続する者以外の相続人に事前に保険で準備をしたり、中長期の目線でＭＳ法人などを活用して遺産のアンバランスを解消したりといったことが提案できます。

認定医療法人又は持分放棄の場合の金融ビジネス

認定医療法人を含む持分なしへ移行する場合の金融ビジネスのアプローチですが、次の図のように整理できます。

持分の定めのある社団医療法人の場合と同じく大事なことは検討段階で主導権を握るということですね。顧問の税理士の方が詳しいようであれば連携を、そうでない場合には詳しい税理士を紹介することです。

ここでも、持分を放棄することについて、ファミリーの問題であることを認識させ、その決断をフォローします。認定医療法人化を含めた持分を放棄するという決断は現世代（現理事長）だけで決めるべきものではないということ、次世代の意向も大切だということを理解いただき、ファミリーで取り組むべき課題であることを認識してもらいます。この場面を作れれば、ファミリーにとってはキーマンになり得ますよね。

そして、持分放棄の判断に至ったのであれば、認定医療法人であれば認定要件、通常の持分放棄であれば税務要件等を勘案し、仮に医療法人に対する贈与税が復活してしまう場合に備えて、出資持分の評価引き下げ対策などが提案できますし、個人〝的〟資産の医療法人からの切り出しなども提案できる場合があります。それらを進める中で資金調達のニーズを探ることができるかもしれません。また、長い目で見れば、解散リスク（仮に解散した場合には、医療法人の残余財産は国等に帰属してしまう）に対応するために、医療法人の不動産などの重要資産をＭＳ法人等で買い取っておくといったこともあり得るかもしれません。

◉認定医療法人又は持分放棄と金融ビジネス

段階	留意点	ビジネス
検討段階	認定医療法人又は持分放棄に係る専門家紹介	●プロジェクトの主導権を握る
検討段階	放棄の意思決定までの過程	●次世代の意向も重要 ・次世代アプローチ ・次世代コンタクト
放棄前	税務リスクが無くなるわけではない 認定要件を充足するための整理	●念のための評価引き下げの提案 ・役員退職金 ・不動産売却損 ●個人“的”資産について医療法人から切り出す ・役員社宅の買い取り
放棄前	財産権の消滅	●重要資産について医療法人から切り出す ・病医院不動産の買い取り

出資持分のない法人（基金拠出型法人・財団医療法人）の選択肢

1　持分のない医療法人の承継

持分の定めのない社団医療法人や財団医療法人であっても事業承継は必要です。ただし、当然のことではありますが、持分の定めのある社団医療法人の医業承継と違って、出資持分といった財産を承継する必要はありません。と言いますか、承継する財産がないんですね。

ですから、社団医療法人であれば、社員を入れ替え、理事を入れ替え、理事長を入れ替える。財団医療法人であれば、評議員を入れ替え、理事を入れ替え、理事長を入れ替える。つまり、ガバナンスをしっかりと承継することが大切です。

社団医療法人の場合には、通常は社員＝理事の関係が成り立ちますから、入れ替えは簡単ですが、財団医療法人の場合には、評議員＝理事の関係が成り立たないので、評議員については理事とは別に人選が必要です。しかも、評議員に就任できる者については、以下のような制約がありま す。

（1）医師、歯科医師、薬剤師、看護師その他の医療従事者
（2）病院、診療所、介護老人保健施設又は介護医療院の経営に関して識見を有する者
（3）医療を受ける者
（4）本財団の評議員として特に必要と認められる者

つまり、誰でも良いわけではありません。しかも、評議員は、医療法人の役員又は職員を兼ねることはできません。要は第三者から選ばなければならないという制約があります。事が起こってから一気に入れ替えを進めるというわけにはいかないでしょうから、計画的に人選の準備を進めておくなどの対応が必要と言えます。

なお、基金拠出型医療法人の場合には、理事、理事長、社員の入れ替えに加え、返還されていない基金が残っている場合には、その基金についても承継することになります。

2 分割制度の活用

分割という手法は、第7次医療法改正（平成28年度改正）で創設されました。従来は、医療法で定めている組織再編手法は合併しかなかったのですが、新たに分割という手法が加わりました。ただ、実際に医療法で認められる分割は、分割とは言い難い制度です。それは、分割の適用対象となる医療法人の類型が持分の定めのない医療法人、つまり、持分の定めのない社団医療法人と財団医

療法人に限定されているからです。

分割で資産を渡す方（分割法人）も分割で資産を受け入れる方（分割承継法人）もどちらも持分のない医療法人でなければなりません。ですから、期待されていた持分の定めのある社団医療法人での活用、たとえば、事業承継の場面で兄弟の仲が悪いので医療法人を分割して、それぞれ承継させるといった活用の仕方はできない制度になりました。

この辺りも前述のとおり、持分の定めのある社団医療法人の事業承継を支援する新制度の創設はあり得ないんですね。

もしも、持分の定めのある社団医療法人で兄弟の仲が悪いので医業承継に際して医療法人を分割しましょうということであれば、まず、出資持分を無くし、持分の定めのない社団医療法人に移行する必要があります。その際、認定医療法人の活用を検討することもあり得ますね。いずれにしても持分の定めのない社団医療法人に移行した上で分割をすることになります。

どうしても、持分を維持したいということであれば、事業譲渡などやや強引な手法を使わざるを得ないですね。

分割の制度は、M&Aの場面でも活用できるのかという期待もありましたが、結局のところ持分の定めのない医療法人のみが当事者ということですので、税制適格要件との関係で言えば、使い勝手は良くないと思います。肝心の対価のやり取りがしにくいんですね。分割の対価として現金を受け取ってしまうと税制適格要件を満たしませんので、分割に伴う税負担が生じてしまいます。たとえば、テナントで入居しているクリニックで所有している資産のないクリニックを分割対象として、特に含み益のある資産が少ないなどという場合には、税制適格要件を満たさなくても税負担が少ないので分割でM&Aを行うこともあり得るかもしれませんね。

後継者が若く、承継まで時間を要する場合

ここでは、人的側面からのお話をします。理事長になる後継者がまだ若く、承継までに時間を要するケースのお話です。

医療法人の理事長は、原則、ドクターでなくてはいけないので、医業承継の大前提としてドクターである後継者をいかに育てるかということが重要ですが、医業承継のタイミングでまだ後継者が若く、承継までに時間を要するという場合もあり得るんですね。たとえば、医学部在学中であるとか、研修医であるとか。

そのため、場合によってはドクターでない方がどうしても承継せざるを得ない場面があって、そのような場合にはドクターでない方が医療法人の理事長に就任することを都道府県知事に認めてもらうことが必要になります。この手続を「理事長特例」と言ったりします。

理事長特例を認めてもらうためには、クリアしなければならない要件があって、そのための事前準備が鍵になります。

図で整理している⑴の要件、つまり、父親である理事長が死亡してしまい、後継者になる子はいるが、医学部在学中だったり研修期間中なのですぐには理事長に就任できないという場合に、医師でない理事長の妻、つまり、後継者から見れば母親が、子が理事長に就任できる状況になるまで一

定期間理事長を務めるなどの場合であれば、比較的認可を得やすいのですが、それ以外の場合には、結構厳しくて、認可を得るためには相応の期間とそれなりの審査を経ることになります。

ですので、何か事が起きて「さあ大変」と慌てて始めると相応に時間がかかってしまうので、すぐには後継者が理事長になれないということが確定した段階で、理事長特例の認可をスムーズに受けられるように前倒し前倒しで準備をしていくことが大切です。

これら特例の適用が受けられる要件をきちっとチェックして、それに当てはまるように運営をしていかなきゃいけないということですね。

そして、このケースで一番難しいのは、2人兄弟で、1人はドクターではなくもう1人はドクターだが医療法人に戻りたくないと言っているようなケースでしょうか。戻りたくないと言っているのでドクターではない方を理事長に就任させたいようなケースです。これはね、大変。恐らく相当大変です。都道府県からすれば、「理事長になるべき人がいるでしょう」と言うんですね。ですから、なぜ戻れないのか、どうしても戻れないのか等々をこんこんと説明して何とか認め

◉非医師の理事長が認められる場合

(1) 理事長が死亡し、又は重度の傷病により理事長の職務を継続することが不可能となった際に、その子女が医科又は歯科大学（医学部又は歯学部）在学中か、又は卒業後、臨床研修その他の研修を終えるまでの間、医師又は歯科医師でない配偶者等が理事長に就任しようとする場合
(2) 次に掲げるいずれかに該当する医療法人の場合
①特定医療法人又は社会医療法人
②地域医療支援病院を経営している医療法人
③財団法人日本医療機能評価機構が行う病院機能評価による認定を受けた医療機関を経営している医療法人
(3) (2) に掲げる要件に該当する以外の医療法人については、候補者の経歴、理事会構成（医師又は歯科医師の占める割合が一定以上であることや親族関係など特殊の関係のある者の占める割合が一定以下であること）等を総合的に勘案し、適正かつ安定的な法人運営を損なうおそれがないと認められる場合

てもらえないかという過程が必要になるはずです。要は、医療法人の理事長は基本はドクター、確かに特例はあるけれども原則はドクターということです。この壁は相当高いと思った方がいいです。

ですから、ドクターでない方を後継者にしようということであれば、どのようなケースでも早めの準備、理事長特例が認められない場合も想定した代替案の検討も含めた早めの準備が必要です。

第4章　後継者がいない場合――①

第三者承継（M&A）

M&Aの現状

多くの診療所・病院が廃止に――M&A予備軍の多さ

まず医療機関を取り巻く現状から整理します。

これは病床規模別の病院数のデータです。病院全体では減少傾向にあることがお分かりいただけると思いますが、その減り方に特徴があります。グラフの左側、病床規模100床未満の病院がどんどん減っているんですね。その一方で200床以上の比較的規模の大きな病院はその減り方は緩やかです。

もちろん、閉院による減少が大きな要因でしょうが、潜在的にはM&Aを通して病院の大規模化が進んでいるということもあると思っています。

では、診療所はどうでしょうか。第1章でもお示しした図ですが、この図を使って整理します。

病院と違って診療所は増えています。たとえば左の

◉病院数の推移（病床規模別）

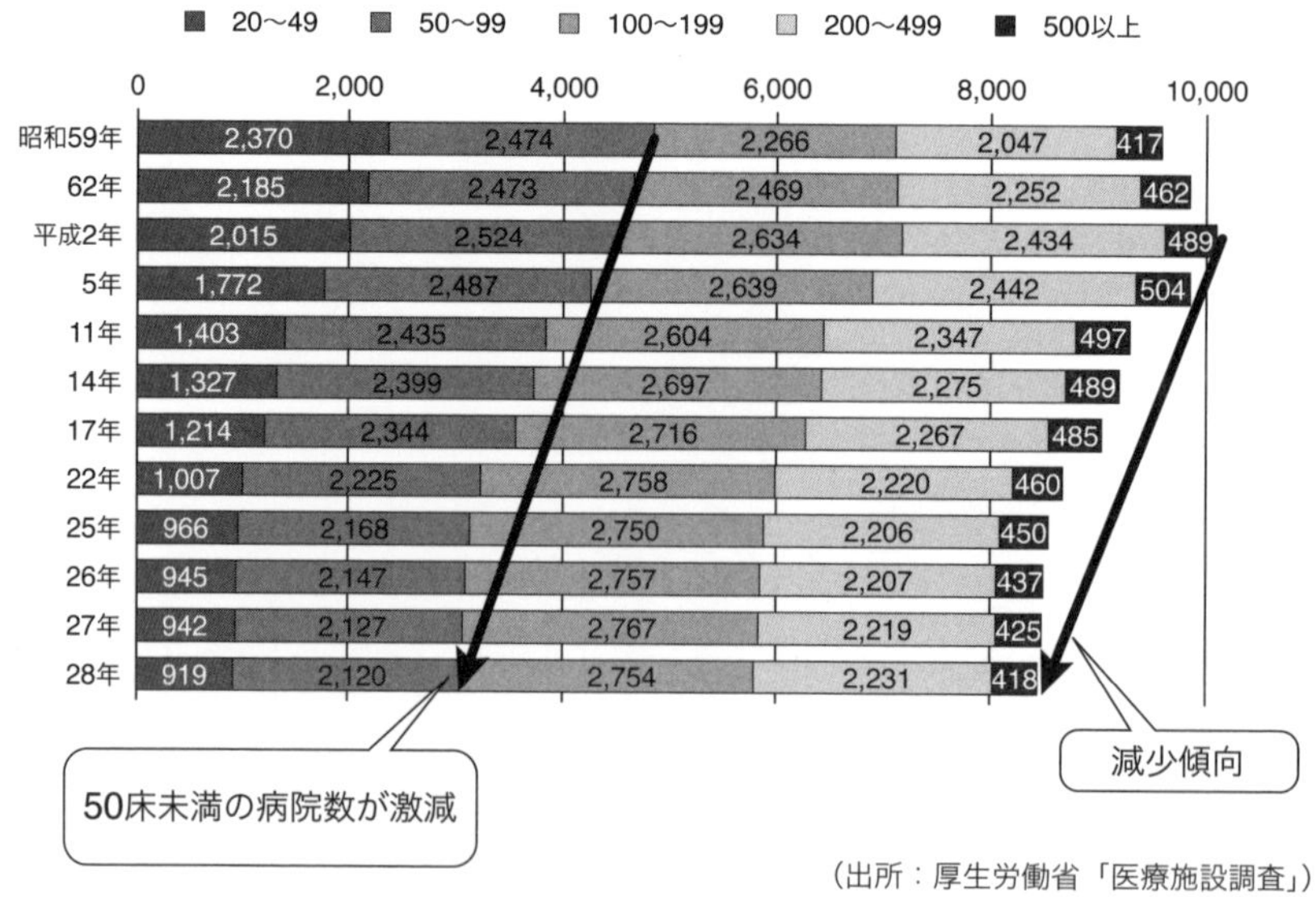

（出所：厚生労働省「医療施設調査」）

図では、平成29年から平成30年にかけては一般診療所全体では年間で６３４件増えていますよね。

医療法人立の廃止は年間１９９５で休止を考慮すると実に年間２２４２の診療所が廃止・休止しています。

個人立の廃止は、年間２２５６で休止の１９０を考慮すると２４４６が実際に廃止・休止となっていると考えられます。

以上の点を勘案すると医療法人立と個人立合わせて年間４６８８件の診療所が廃止・休止しているということなんですね。

以上から相当数の病院や診療所や病院が廃止されているという現状をご理解いただけたと思います。

そして、Ｍ＆Ａの観点から言えば、この廃止件数の中にはもちろん単純に廃止しているケースがほとんどだとは思いますが、Ｍ＆Ａによる廃止も相当数含まれていると思われるんです。たとえば、Ｍ＆Ａが行われ

◉一般診療所数の推移

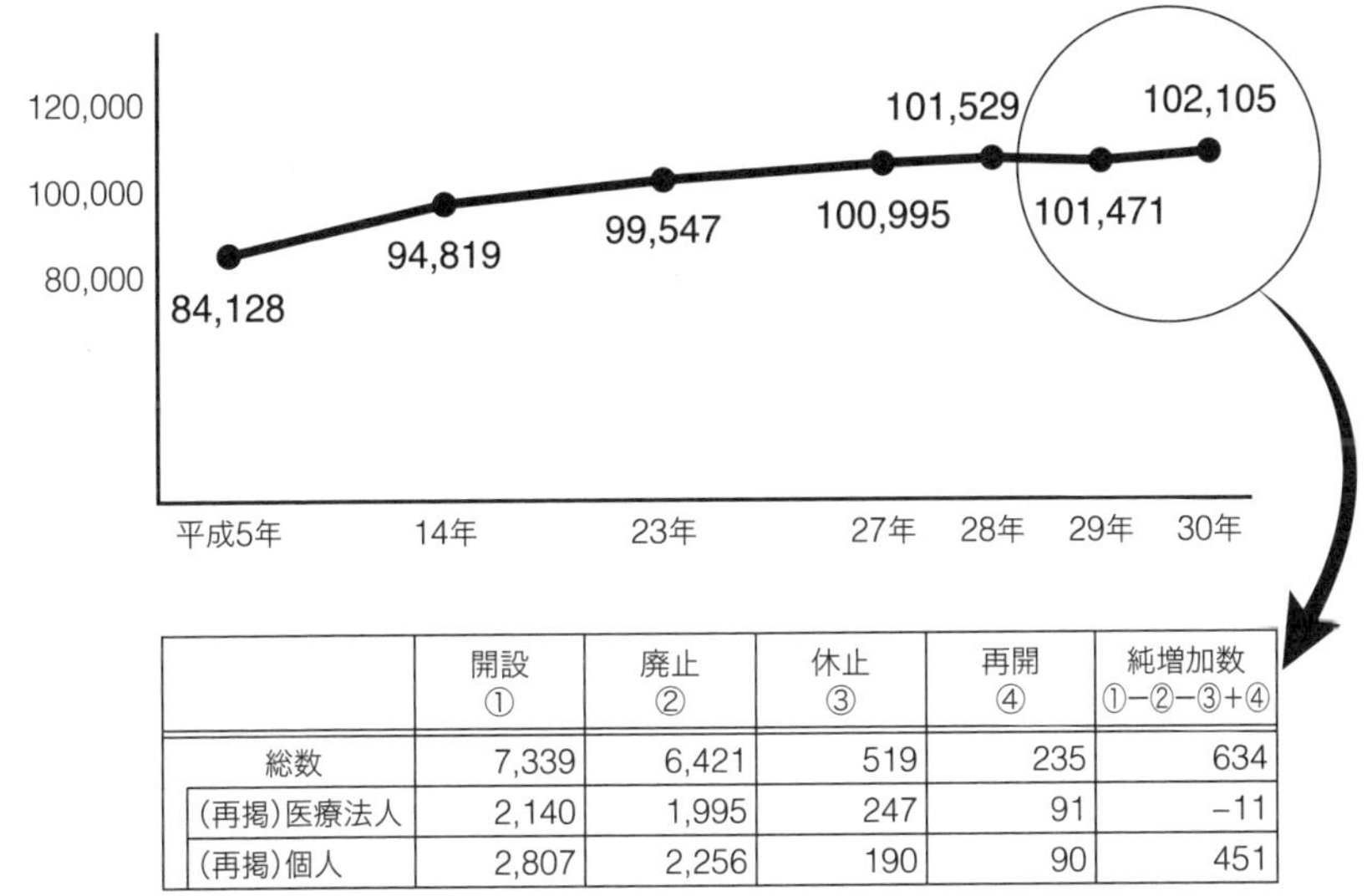

	開設 ①	廃止 ②	休止 ③	再開 ④	純増加数 ①−②−③+④
総数	7,339	6,421	519	235	634
（再掲）医療法人	2,140	1,995	247	91	−11
（再掲）個人	2,807	2,256	190	90	451

※開設者変更による増減を除く

（出所：厚生労働省「医療施設調査」）

れば、売り手施設の廃止＋1、買い手側は施設の開設＋1ですね。そう考えると正確な数字はわかりませんが、M＆Aによる廃止と開設という組み合わせが相当数あるのではないかと思っています。もっと言えば、単純に廃止している施設については、本当はM＆Aができていたなら残すことができたかもしれないという、いわばM＆A予備軍だったと言えるのです。

本当は、M＆Aによる廃止・開設の数に関する統計データをお話ができるのが良いのですが、どのぐらいの数のM＆Aが実際に行われているのかということについては、信頼できるデータがないのが実情です。

なぜなら、行政の立場からは医療機関のM＆Aは認められておらず、存在しないということになっているからです。「存在しない」わけですから、当然、統計はありません。

ですから、統計データのある開設と廃止の数から推測するほかはなく、先ほど示したのは参考数値にすぎません。私が見聞きする中で、「増えてきているな」という実感はありますが、M＆Aの数が増加しているとデータ上で明確に断言できるわけではないのが正直なところではありますが、でも、やっぱり増えているという実感はあります。

M＆Aの理由は経営不振と後継者問題

M＆Aのきっかけは経営不振か、後継者問題が多いと思います。

経営不振は、主に病院のM＆Aのきっかけになり得る理由です。経営不振から立て直しのためのスポンサーを探した結果としてM＆Aになるというイメージでしょうか。逆に診療所の場合は経営不振でM＆Aにつながるケースはほとんどないと思います。経営としては、病院の方が圧倒的に厳しい局面を迎えているところが多いんですね。

厚生労働省の大きな方針として、もう病院は小さくこじんまり展開するのではなく、どんどん機能集約していって大規模化し、それこそ地域に2～3程度の病院でその地域の医療を担うという方向性だと思いますので、規模の小さなところはどんどん大きなところに集約されていく、その結果として病院全体の数は減っていくということだと思います。まあ、「病院は病院たれ」といいますか、病院は一定数以上の病床を抱え、重装備を備えるべき、外来を行うべきところではないということになるのだと思います。「大きなところに集約」と言いましたが、ここがまさに病院のM＆Aということになります。

その結果、病床の少ないところは病院としての機能を果たせなくなってしまうので（診療報酬等でそのように追い込まれてしまうので）、今後もその数を減らしていくことになるのだと

◉医療機関M&Aのきっかけ

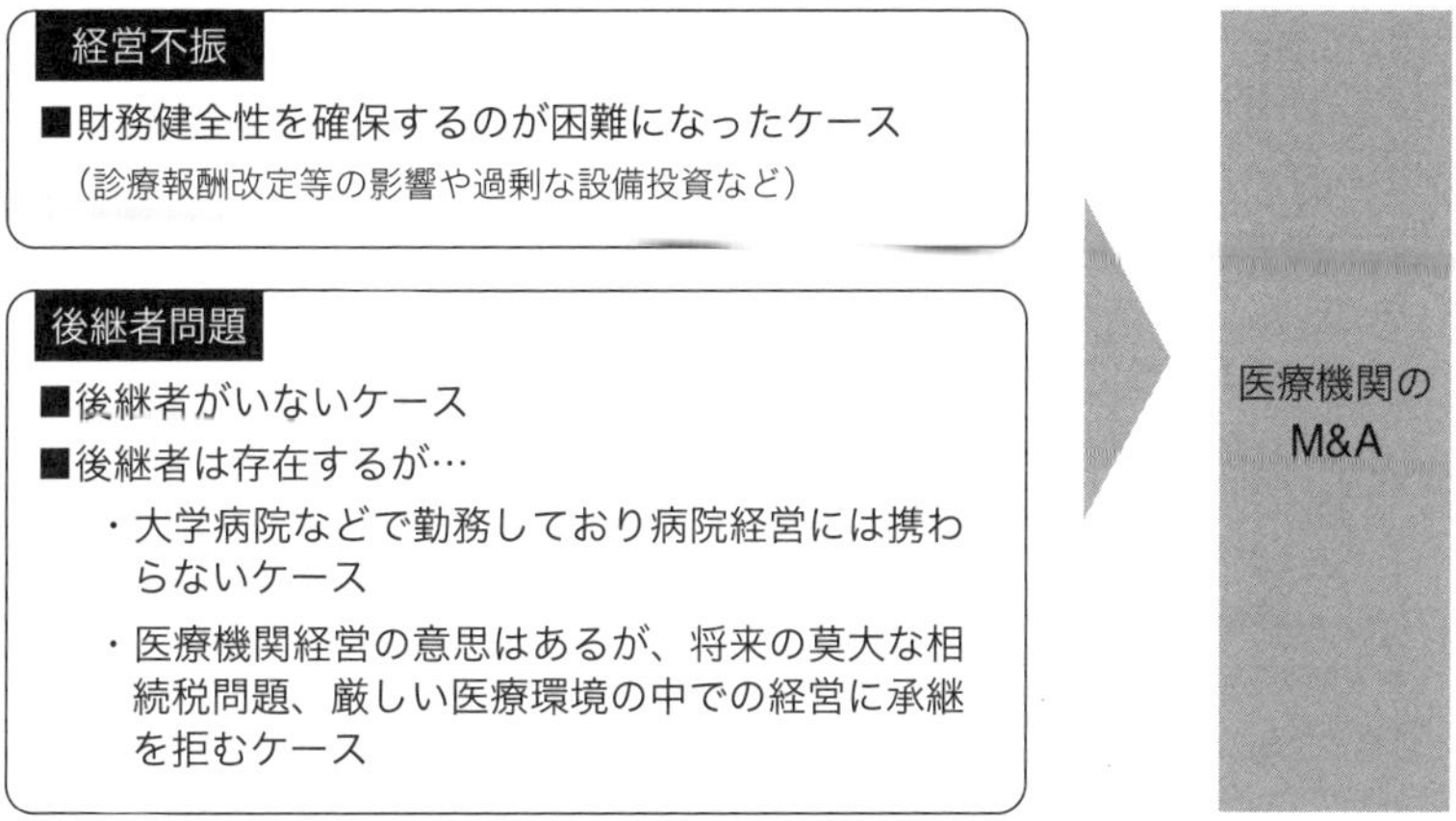
経営不振
■財務健全性を確保するのが困難になったケース
（診療報酬改定等の影響や過剰な設備投資など）
後継者問題
■後継者がいないケース
■後継者は存在するが…
・大学病院などで勤務しており病院経営には携わらないケース
・医療機関経営の意思はあるが、将来の莫大な相続税問題、厳しい医療環境の中での経営に承継を拒むケース
医療機関の
M&A

思います。

逆に、後継者問題、中でも後継者候補がそもそもいないからM&Aというのは診療所に多いですね。後継者が何からの理由で存在しないので、診療所を継続するためにM&Aを選択するということですね。

加えて、これは承継を希望する側、いわゆる買い手の話になりますが、開業環境の厳しさということもあるかもしれません。たとえば、都市部については、「多数区域」として、診療所の開業に際しては在宅医療など都道府県が必要とする機能を担うように求めるという検討もはじまるようですので、必然的に都市部での開業は承継による開業、すなわちM&Aによる開業が増えていくと想像するところです。

医療機関のM&Aの特徴

行政手続の必要性と当事者の多さと複雑さ

では、医療機関のM&Aは、一般事業会社のM&Aとどう違うのでしょうか。

大きな違いのひとつは、M&Aを進めるに当たって、行政対応が必要になるということです。

医療機関の場合には、医療法の規定や通知・指導、医療に関する許認可制度といった、一定の枠組みの範囲内で進めていかなければならず、場合によっては一般事業会社では必要とされないプロセスが求められることがあります。必要な手続にはどのようなものがあるか、事前説明のタイミング、認めてもらうために必要な交渉など、適切な行政対応ができるかどうかは、医療機関のM&Aの成功を大きく左右します。


そしてもうひとつは当事者が多くて、複雑ということでしょうか。

取引先や患者さん、金融機関はもちろんのこと、地域の医師会、連携している施設やドクターを派遣してくれている大学病院の医局など、とにかく利害関係者が多くて複雑ということです。たとえば、病院を運営していくために、所属していた医局からドクターを派遣してもらっていたとしましょう。M&Aによって経営者が代わるわけですから、そのまま継続してもらうことができるのか、継続してもらうためには、当然、事前に説明が必要になってきます。今までは理事長の出身大学からドクターを送ってもらっていたとしてＭ＆Ａにより別の出身大学の方が理事長になったとしても、その大学からドクターの派遣を継続してもらえるものかという問題ですね。

従業員に配慮しないとM&Aが成り立たないことも

そして、従業員の承継も大きなポイントです。

従業員の雇用継続については、一般事業会社以上に神経を使う必要があるといえます。といいますのも、医療従事者は資格に基づく専門職であり、かつ、この医療業界での人手不足の折、言ってみれば転職しやすい、どこでもお仕事ができる方々ばかりです。ですから、Ｍ＆Ａを嫌がって退職してしまうということが起こり得ます。

Ｍ＆Ａを「身売り」というネガティブな雰囲気で進めてしまうと部署のキーマンが反発し、その部署の従業員が集団で退職してしまい他の病院に移ってしまうなんてことが起こり得てしまうんですね。看護師さんも医療事務のスタッフも、今どこでも人手不足ですから、いくらでも転職先があるわけです。

だから、とにかく働いている従業員の方々には気持ちよく残ってもらえるように誠実に丁寧に説明します。もちろん、その際には、売り手の側にも協力してもらうこともとても大切です。

従業員の雇用継続は、本当に神経を使うところです。Ｍ＆Ａが決してネガティブではないということを理解してもらう必要があります。

医療機関の場合は、〝人〟は本当に財産です。重要なポジションの方が退職されてしまうとM＆A自体が成り立たなくなります。ですので、従業員への対応は慎重に進める必要があります。

病院の場合、エリアごとにベッドの数が決まっているのでM＆A

特に病院の場合ですが、病床規制の問題があります。簡単に言えば、都道府県ごとに医療圏といわれる地域が決まっていて、それぞれの医療圏ごとに必要な病床数が決まっています。これを基準病床数といいますが、実際にはこの基準病床数を超えて病床が稼働している医療圏が全国にはたくさんあります。このような医療圏を病床過剰地域といいますが、病床過剰地域においては新規で病院の開設はできません。

ですので、病床過剰地域の場合にもし新規で出ようと思うと、当然M＆Aということになりますね。

医療機関M＆Aのメリット

医療機関M＆Aのメリットについて整理します。

売り手側のメリットとしては、M＆Aのきっかけとなった問題の解決でしょうか。特に後継者問題が解決し、地域における医療の提供、患者サービス、雇用を維持できます。

その他、創業者利益の実現ということもあると思います。

医療法人は上場できませんし、出資に係る配当もできませんので、創業者利益の獲得手段が限られます。Ｍ＆Ａはその獲得手段といえます。

買い手側のメリットとしては、〝時間を買う〟ということだと思います。医療施設を新規に立ち上げようとすると行政から開設許可を得るために膨大な時間と手間を要しますが、Ｍ＆Ａによって既に開設され、稼働している医療施設をそのまま承継すれば、膨大な時間と手間を省くことができます。

人材の確保という面からもメリットがあります。前述の慎重に進めて退職されないという前提ですが、医療従事者をそのまま引き継げるというのは大きなメリットです。

また、Ｍ＆Ａで従来とは違った医療機能を取り込めるということも挙げられるのではないでしょうか。急性期の病院が回復期の病院や療養型の病院を取り込むことで提供する医療機能が拡がります。また、規模の拡大により医薬品や医療材料の仕入の絶対量も増えることが見込めますので、医薬品等の業者相手の価格競争力が生まれることもあります。いわゆる〝規模の利益〟の享受ですね。

M&Aの手法

医療機関のM&Aの手法を整理しましょう。

手法①：事業譲渡

まずは、事業譲渡です。簡単に言えば、医療施設を対象としたM&Aですね。

たとえば、医療法人A会がA病院とB病院の2つの医療施設を持っていて、そのうちB病院という医療施設だけを医療法人B会に譲渡しますというイメージです。

医療法人ではなく、医療施設が承継の対象であるという点がポイントですね。

なお、事業譲渡の対象が病院の場合には、前述しました病床規制の問題があります。事業譲渡の対象が病床過剰地域にある場合には、都道府県によっては買い手側にすんなりと病床の引継を認めてもらえない場合があります。

◉医療機関M&Aのスキーム

	対価	承継対象	主な行政手続
事業譲渡	金銭	医療施設	定款変更認可
出資持分譲渡	金銭	医療法人	—
払戻・退社＋払込・入社	金銭	医療法人	—
合併	出資持分・金銭	医療法人	合併認可

たとえば、次のようなケースです。

医療法人A会が運営しているA会病院を医療法人B会に事業譲渡するというケースです。医療法人B会がA会病院を承継するに当たって、A会病院の130床がすんなり医療法人B会に移るのかという問題です。

行政の立場としては、A会病院の130床は医療法人A会に許可したものであって、医療法人B会で運営するというのであれば、1度、130床を返したうえで医療法人B会が新たに使用許可を申請してくださいとなります。この地域が病床過剰地域であれば、医療法人B会が新たに申請しても使用許可は認められません。つまり、病床を返してはいけないわけです。

この場合には、このA会病院を何も変更することなく、A会病院そのものをそのまま引き継ぐので、何とか病床の引き継ぎも認めてくださいというお願いをすることになります。

その際には、病院の種類を変更しない旨を丁寧に説明したり、このA会病院の地域での存在意義、地域になくてはならないことを示すような、たとえばその地域の首長の要望書や意見書のような書類を準備

◉事業譲渡のスキーム

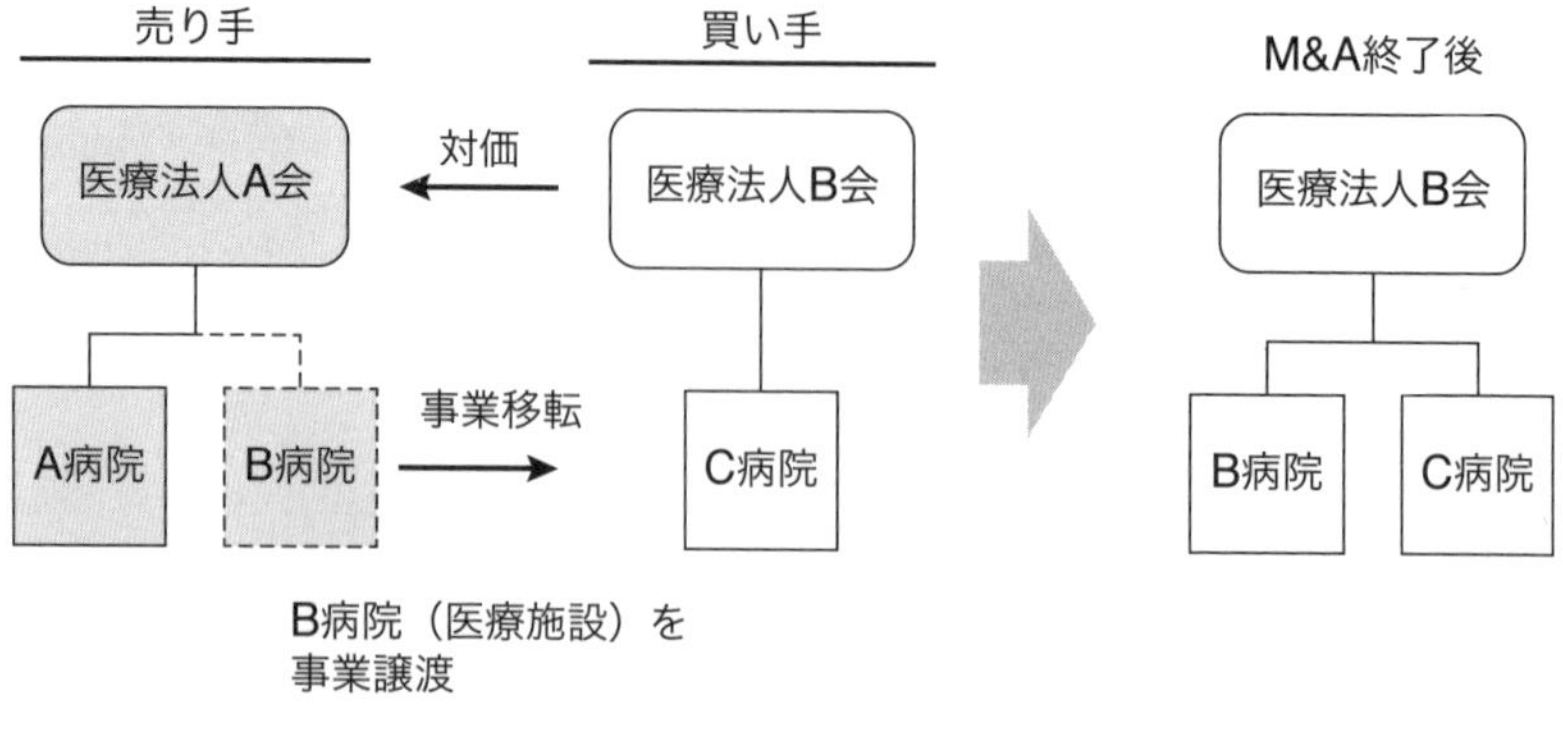

して、お願いしたりします。

また、事業譲渡の場合には、それぞれの医療法人が運営する施設に変更が加わりますので、定款変更という手続が必要になります。売り手側は施設廃止に伴って、買い手側は施設開設に伴って、定款の条文を変更する手続を行い、その変更について行政の認可を得なければなりません。

単純な定款の条文の変更ですが、行政の認可を得るに際しては、一連の経緯や事情、つまり、M&Aの内容について聴かれたり、予算書を作成し、承継後の施設運営に問題がないのかといった点を確認されたりという形で行政が深く関与してきます。

そういう意味では、事業譲渡の成功のポイントは、行政手続をいかに上手に進めるかということだと思います。

あとは、一般の事業会社と同様ですが従業員の転籍について、従業員の全員について一人一人同意を得なければならないほか、入院患者の同意も個別に必要とされます。

◉病院の事業譲渡の問題点

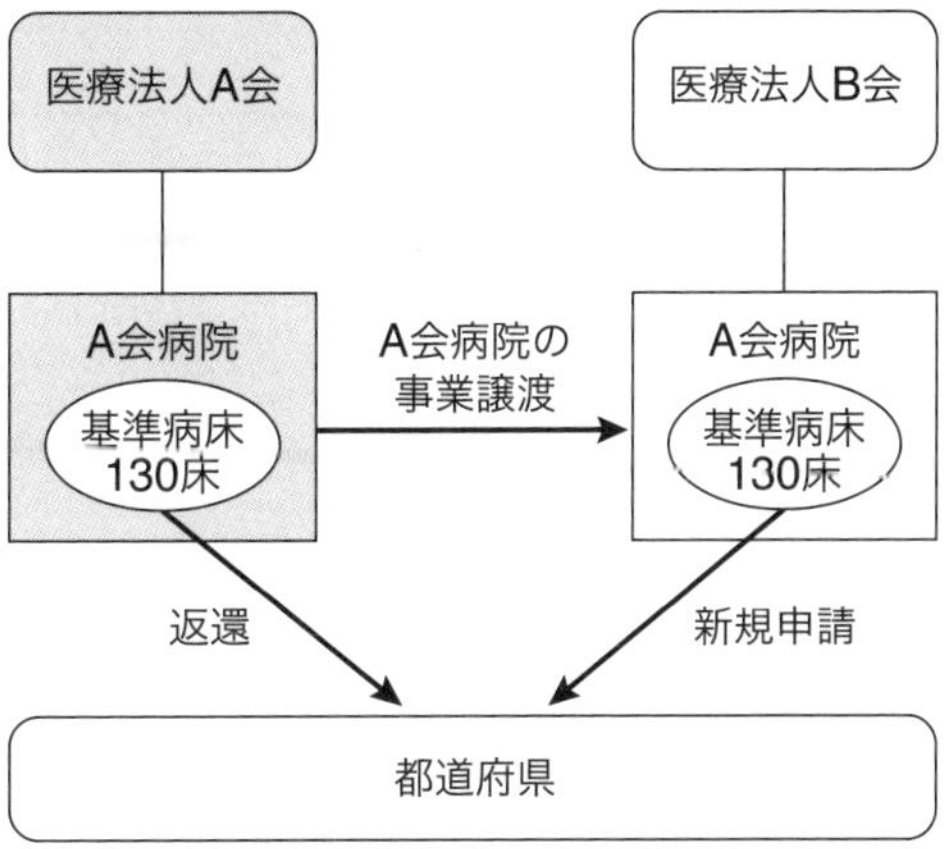

手法②：出資持分譲渡

出資持分譲渡という手法もお話しましょう。

もちろん、持分の定めのある社団医療法人のＭ＆Ａの手法です。この手法の場合は、承継の対象は医療法人そのものということになります。

手続としては、社団医療法人の社員の入れ替え（社員の入社・退社）＋出資持分の譲渡でＭ＆Ａが完結します。

一般事業会社の場合には、株式の譲渡と経営権の承継がワンセット、つまり、経営権を確保するために必要な数の株式を譲渡することでＭ＆Ａが完結しますが、社団医療法人の場合には、出資持分譲渡だけでは買い手に経営権は移りません。経営権を移すためには必ず社員の入れ替えが必要になります。つまり、出資持分譲渡＋社員の入替がワンセットで必要となるわけです。

なお、行政手続という観点で言えば、出資持分譲渡そのものについては、行政の関与はありません。つまり、出資持分の譲渡について、行政の許認可を求める必要はありません。

ただし、経営権の承継に伴って行われる役員変更については、

◉買い手が入社したのち、売り手が出資持分を譲渡し退社するスキーム

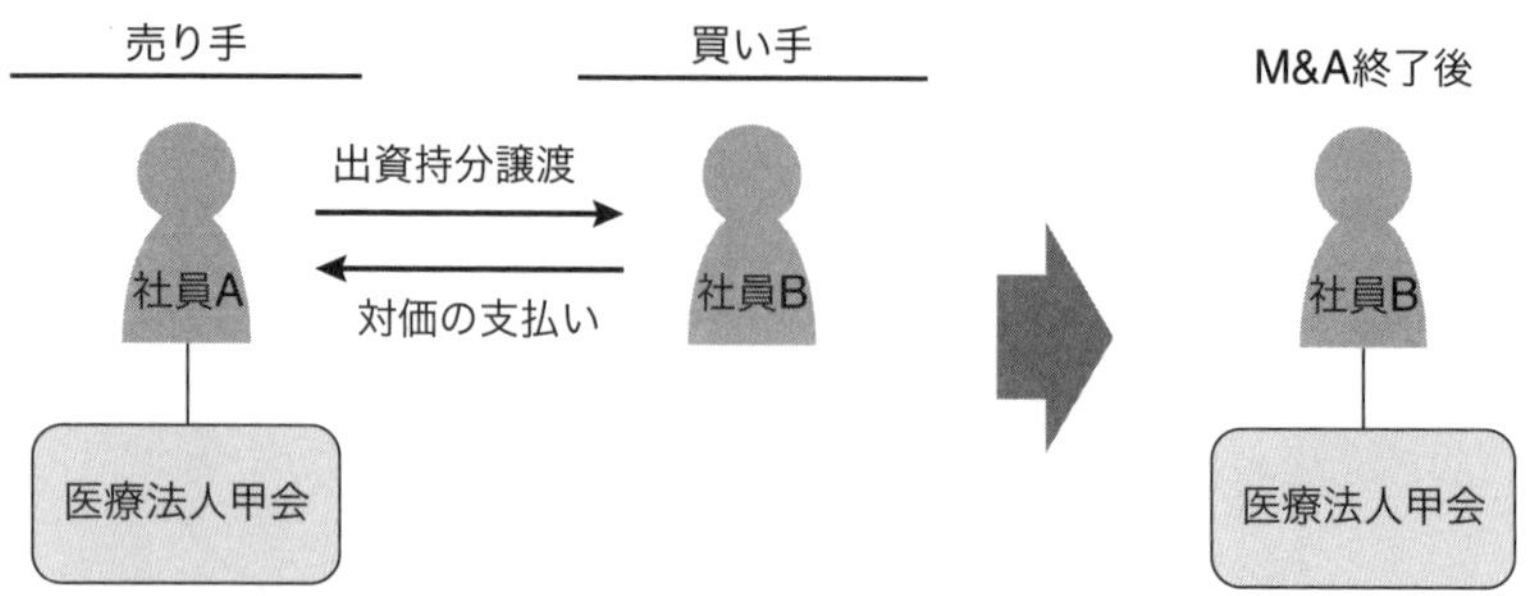

①社員Bが社員に就任（買い手の入社）
②出資持分譲渡契約の締結と対価のやり取り
③社員Aが退社（売り手の退社）

役員変更届出が必要です。

手法③：払戻＋入社・退社

出資持分譲渡に近い方法ですが、払戻・退社＋払込・入社という手法もあります。

この方法も出資持分の定めのある社団医療法人のM＆Aで用いられる手法です。

M＆A後のできあがりは出資持分譲渡と同じですので、承継の対象は医療法人そのものです。

なお、行政手続という観点で言えば、払戻＋入社・退社については、出資持分譲渡と同様に行政の関与はありませんが、経営権の承継に伴って行われる役員変更については、役員変更届出が必要です。

具体的な方法としては、売り手側が社員を退社し、退社に伴う払戻を受けます。イメージとしては、退社に伴う払戻を受けて、一旦、医療法人の純資産部分が空になります。その後、空になった純資産部分に買い手側が払

◉売り手が退社して払戻を受け、買い手が入社するスキーム

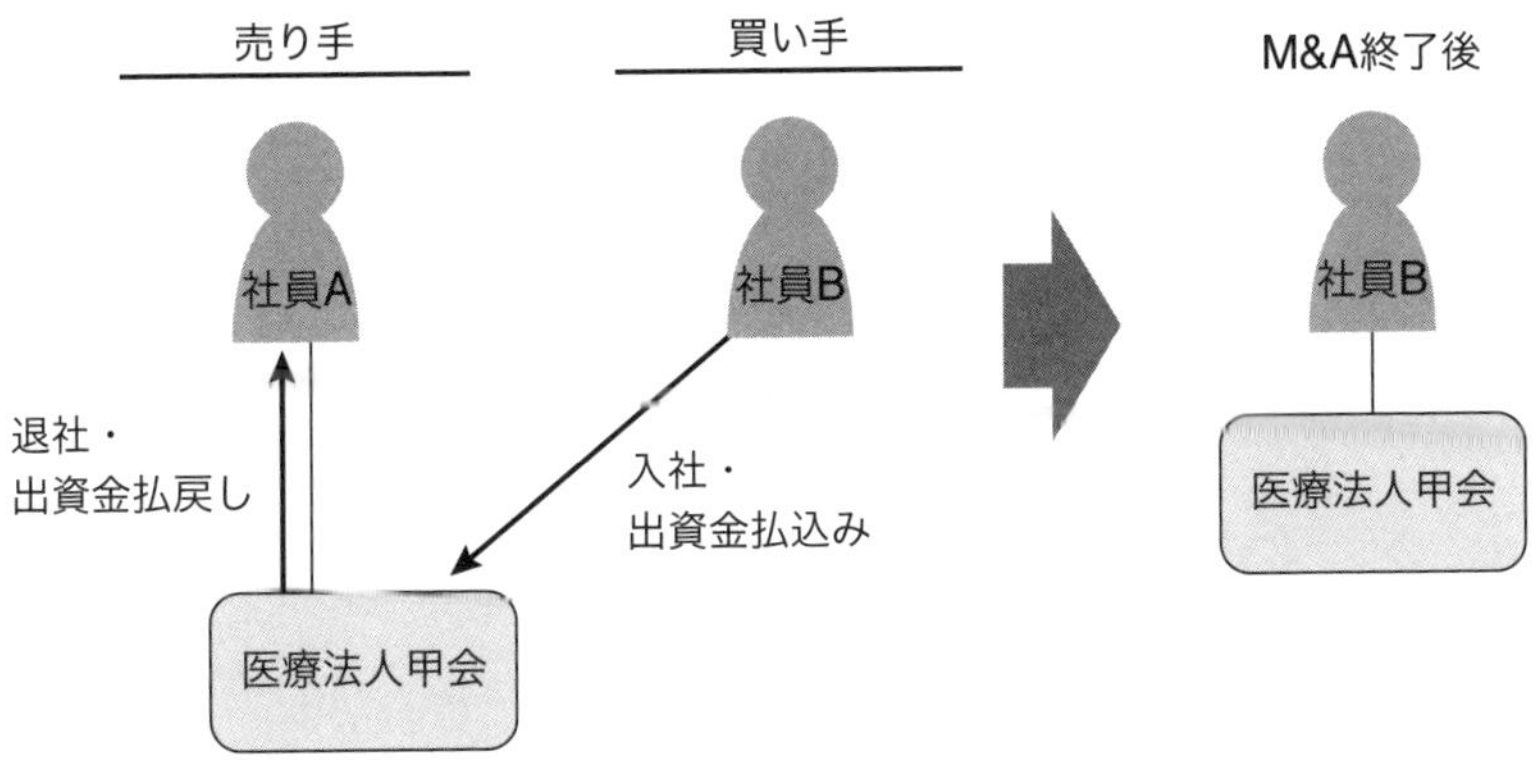

①社員A（売り手）が退社し、持分の払戻を受ける
②社員B（買い手）が入社し、払込みを行う

➡社員の交代
➡払戻額が譲渡対価

込みを行い、社員に入社することでＭ＆Ａが完結します。

この手法の場合には、売り手側の税負担に注意が必要です。払戻は、当然に医療法人の過去に蓄えた利益の払戻を伴いますから、払戻金額に対して配当課税されてしまう場合があります。配当課税は総合課税ですから、払戻金額によっては住民税を合わせて最高で55％の税率で課税されてしまいます。

一方、出資持分譲渡の場合には、有価証券の譲渡として取り扱われ、譲渡益に対して住民税を合わせて20％の税率なんですね。ですから、売り手側の税負担を考えると出資持分譲渡の方が有利なケースが多いです。

ただ、実際にはＭ＆Ａに伴って売り手側は医療法人の役員を退職することになるでしょうから、役員退職金を譲渡対価の一部として考え、税負担をコントロールするということはあると思います。役員退職金の支給によって、純資産部分の利益を吐き出すことで払戻金額のうち配当課税の対象となる金額が少なくなる効果も見込めますので、税の試算は重要ですね。

買い手側にとっては、医療法人を活用して承継資金の調達ができるというメリットがあります。買い手個人で承継資金が調達し切れないようなケースにおいては、承継対象の医療法人で資金を調達し、調達した資金で医療法人から役員退職金と払戻金を売り手に支払うことができますよね。承継後は医療法人の収益力で返済していくというイメージです。医療法人で借り入れして退職金で出して、払戻で出して、空っぽになったところに買い手個人が出せる金額で出資を払い込むという流れですね。
もちろん、個人で承継資金が調達できれば、出資持分譲渡で良いのでしょうけど。

手法④：合併

合併という手法もあります。合併ですから、2つ以上の医療法人が一緒になるということです。

合併は、医療法で法定化されている手法ですので、手続が法律で定められていて進め方が分かりやすい手法といえます。

合併については、都道府県知事の認可が必要です。注意点としては合併自体がそうそう行われるものではないので、手続は分かりやすいものの都道府県側もやや手探りで対応する傾向がありますので、一般的には時間を要します。ですから、スケジュール管理が重要です。

合併については、やはり税がポイントになりますね。いわゆる適格合併になるかならないかということです。適格合併にならない場合には、合併当事者に税の負担が生じる場合があります。

◉合併のスキーム

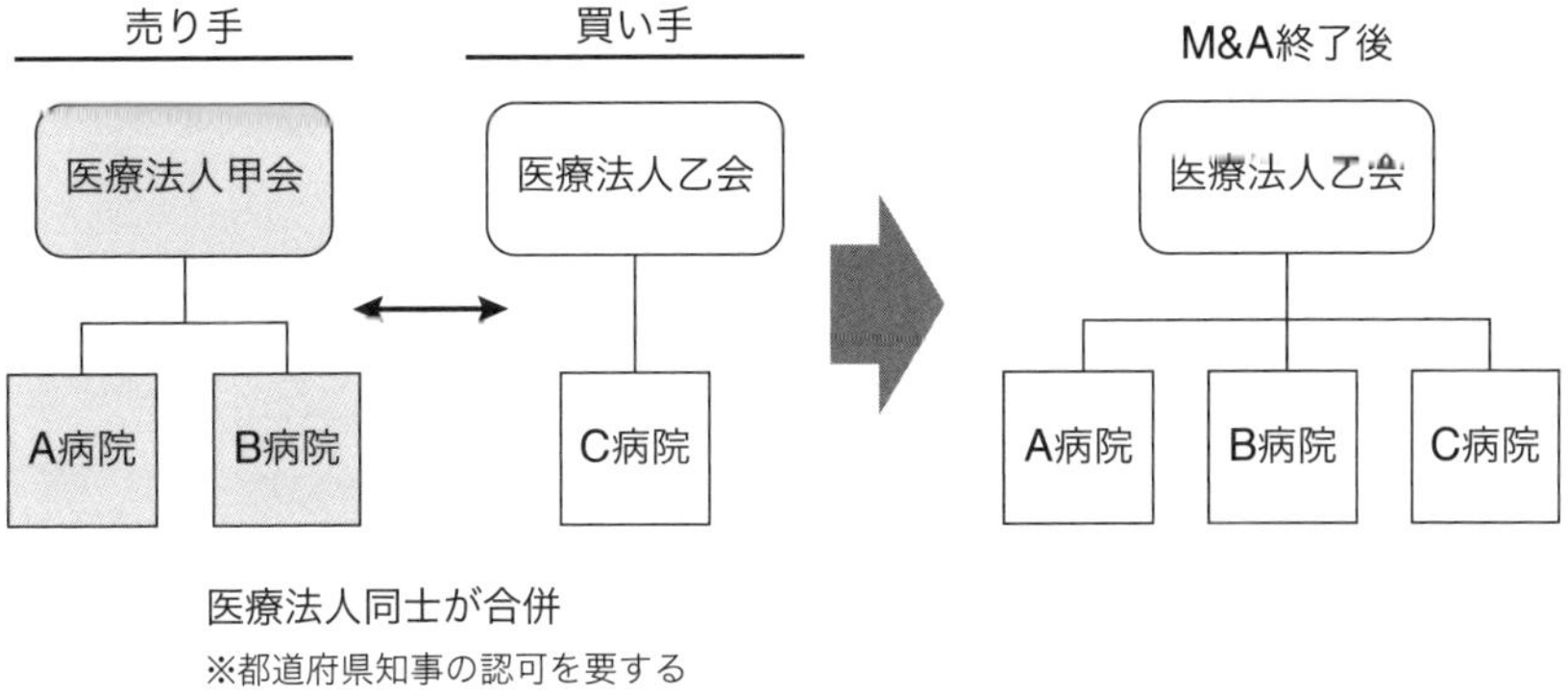

ですから、適格要件を満たすか否かは大きなポイントです。

ちなみに適格要件自体は一般事業会社と大きな違いはありません。

なお、医療法人の合併の場合には、グループ内の合併ということはあまり考えられないので、通常は共同事業要件になるものと思いますが、持分の定めのある社団医療法人同士の合併の場合には要注意です。適格要件の中の出資持分継続保有要件が問題になるんですね。

持分の定めのある社団医療法人同士が合併する場合には、適格要件を満たそうとすると合併によって被合併法人の出資者に対して合併法人の出資持分が交付されます。

たとえば、被合併法人＝売り手側がA会、合併法人＝買い手側がB会とした場合に両法人が合併しますと、A会の出資者にB会の出資持分が交付されます。A会出資者は承継対価を実現させるために交付されたB会の出資持分を金銭に替えたいと思うでしょうが、交付されたB会の出資持分を手放してしまうと適格要件を満たさなくなります。つまり、適格要件を満たすた

◉適格合併時の承継対価の問題点

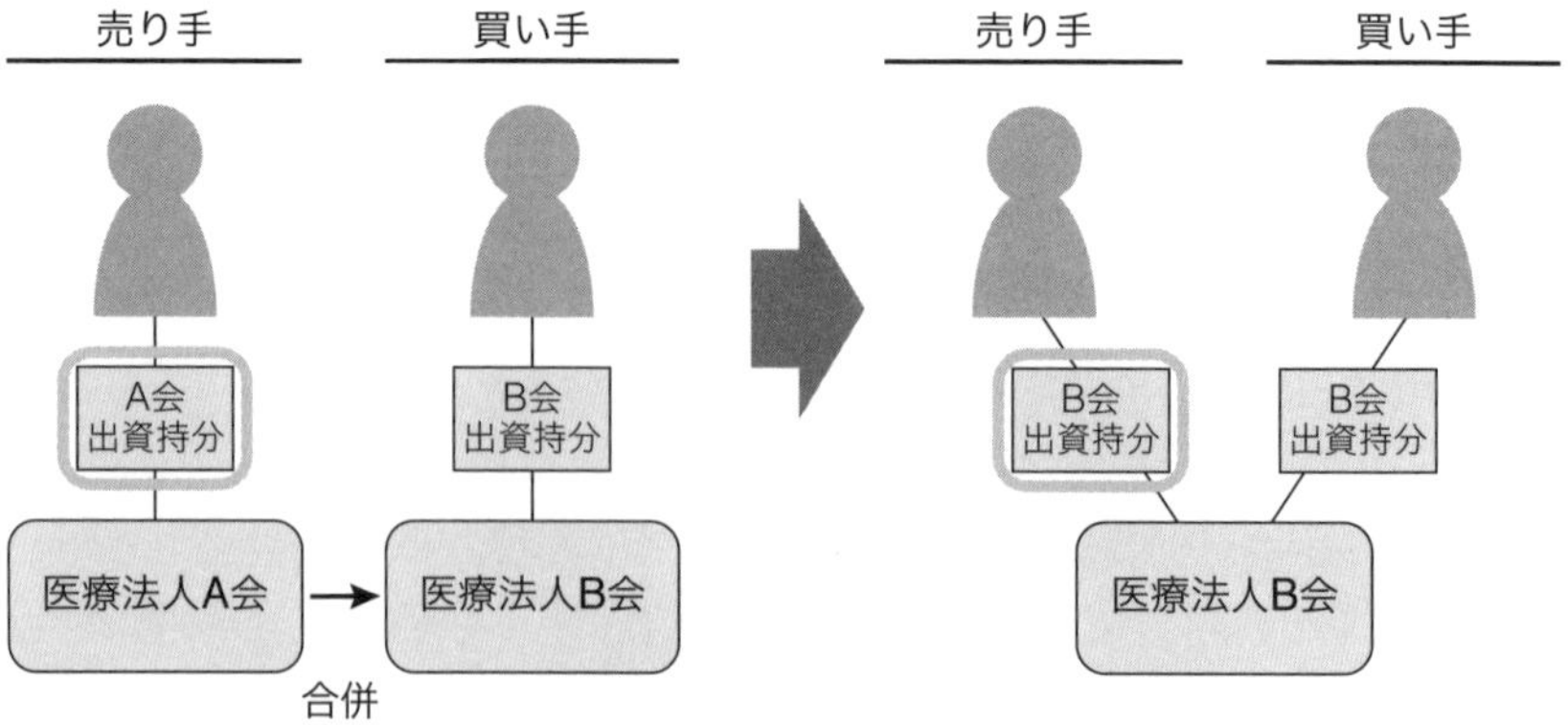

A会の出資者にB会の出資持分が
交付される

めには、被合併法人の出資者は承継対価の実現を諦めざるを得ないといえます。

ですから、通常は、事前に出資持分を買い手側に譲渡し、承継対価を実現する必要があります。その後、買い手側で承継した医療法人を合併するかどうかという話になるのであって、適格要件を満たそうとする限りにおいて、合併そのものはＭ＆Ａの手法としては使いにくいということになりますね。

なお、持分の定めのない社団医療法人やそもそも持分の概念のない財団医療法人の場合には、出資持分継続保有要件は問われません。まあ、出資持分が出てこないですからね。

M&Aというものは存在しない？——行政のスタンス

これまで考えられるＭ＆Ａの手法を整理してきましたが、行政の認可が必要な手法と必要とされない手法があるということはご理解いただけたと思います。

ただ、行政は医療法人の世界にはＭ＆Ａというものは存在しないという姿勢です。

ですから、行政の認可を必要とされる手法でＭ＆Ａを進める場合の成功のポイントは、いかに行政手続を上手に進めるかということにあります。

行政手続を上手に進めるにために忘れてはならないのは行政の関心はどこにあるのかということです。行政の一番の関心は、「承継後にちゃんとまともに続くのか」ということです。もしも、Ｍ＆Ａ後に医療機関の運営がうまくいかなくなってしまった場合に監督権者である行政として責任を問われたくはないということです。

承継した側が承継した医療機関をきちんと継続できるのか、そのことをしっかり確認したいというのは行政としては極めて当たり前の姿勢ですよね。だから、行政を安心させる、納得させることが大切なんです。

診療所のM&A——〝相性〟と〝承継対価のギャップ〟

ここ最近は、診療所のＭ＆Ａのご相談が増えています。

他の業界と一緒ですが、やっぱり、診療所の経営者も世代交代期に差し掛かっているんですね。後継者がいないなど何らかの理由でＭ＆Ａに踏み切るドクターが増えているのだと実感します。加えて、承継させたいドクターと承継したいドクターを引き合わせる、いわゆるマッチングを手掛ける会社が増えており、そういう意味でのインフラも整ってきたということもあります。

診療所のＭ＆Ａをご支援していて感じるのは、〝相性の大切さ〟と〝承継対価のギャップをいかに埋めるか〟ということですね。

〝相性の大切さ〟は言わずもがなですね。ドクター同士の相性です。

診療所に限らず、医療機関って地域社会の公器なんですよね。

承継させたい側のドクターにはその思いが強いドクターも多くて、その思いを分かってくれるドクターを求められます。ですから、私の経験則ですが、診療所のＭ＆Ａの場合には、承継させたい側のドクターと承継する側のドクターが一定期間、二診体制でいわばお見合いをするのが良いと感じます。

お見合い期間を経て、患者さんはもちろん、地域や取引先、人脈、関連医療機関などなど地域社会の公器としての一切を引き継ぎます。

面白いのが、後述しますが、〝対価のギャップをいかに埋めるか〟の観点からも、この過程、すなわち、地域社会の公器の承継を経ることで承継対価の歩み寄りに繋がったりするんですね。最初はいくらじゃなきゃ売らないと言っていたドクターもこの先生だったらというドクターと出会えれば、承継対価のこだわりが少し緩む場合があるんです。

承継させたい側のドクターからしても承継後のドクターがとんでもない人だったら、「あの先生はお金欲しさにとんでもない先生に譲っちゃったんだね」などと言われてしまう、そんなことは避けたいんですね。

ですから、病院と違って、診療所は余程の事情がない限り、ある一時点でスパッと承継するというケースは少なくて、お見合いがあって良いと思っています。

また、〝承継対価のギャップをいかに埋めるか〟ですが、そもそもギャップとは何かです。

文字通り、承継させたい先生が考える承継対価と承継したい先生が準備できる資金のギャップです。

医療法人が分院として承継を検討するようなケースを除いて、診療所のＭ＆Ａの場合の承継したい側は、通常は承継による開業を希望される勤務医であることが多いんですね。

ですから、売り手側の希望する対価が大きいとその調達は簡単にはいかない場合があります。

その場合は、承継対価のギャップを埋める対応が必要になりますね。

承継対価そのものについて双方が歩み寄るということもあり得ますが、承継対価の支払方法で歩み寄るということも検討します。

承継対価を一度で支払うとなると買い手にとってその調達が大変な場合であっても、承継後の稼ぎによる分割払いが認められれば、違ってくるということも大いにあり得るんですね。

もちろん、契約の内容は少し複雑になりますが、もし、支払方法で歩み寄れるのであれば、そんなことも検討すべきだと思います。いくらドクターでも個人で資金調達することは難しい時代ですからね。

M&Aと金融ビジネス

M&Aと金融機関が提供できるサービスを考えてみましょう。

◎売り手側

M&Aによって、売り手にはまとまったお金が入ってきますから、そこに資金導入、保険導入、投資不動産への組み換え、加えて相続税対策……というアプローチになるでしょうか。そういう意味では至ってシンプルだと思います。

　たとえば、売り手側に退職金の支給や承継対価の支払が行われれば、まとまったお金が一時に入るわけですから即運用の話はできます。

◎買い手側

　買い手については、承継対価の調達です。たとえば、事業譲渡であれば施設を承継するための資金とか、出資持分譲渡であれば出資持分を買い取るための資金とか。

　これは当然融資のお話になります。やっぱりシンプルですよね。

●M&Aとビジネス

段階	留意点	ビジネス
売り手	承継対価の運用	●金融商品 ●保険 ●投資不動産
	役員退職金	
買い手	承継資金の調達	●承継資金の融資

医療機関のM&Aの今後

今後、医療機関のM&Aは益々増えていくと思います。特に診療所ですね。

今、医療承継というものに関して、前述しましたマッチングを一生懸命にやっている会社がとても増えています。

承継させたい側の情報を集めつつ、承継したい側をきちんとデータベース化して、希望地域や承継希望時期、診療科などでソートをかけて適した先生をピックアップするわけです。

ですので、相手探しのインフラが本当に整備されたし、ますます、整備されるのではないでしょうか。その結果、ますます、診療所のM&Aは増えていく、そして当たり前になっていくと感じます。

開業関係の変化もM&Aに大きく関係してくるかもしれません。前述しましたが、特に都市部においては、診療所の開業制限の議論も起こっています（121頁参照）。

実際にこのような制度になるかどうかは分かりませんが、もしそうなれば率直に都市部では、新規開業ではなく承継開業が増えるのだろうなと思います。

一方で地方や郊外は深刻です。都市部に比べて診療所一つの存在の大きさ、影響が大きな地域もたくさんあります。前述しましたが、医療機関は地域の公器、社会の公器という意味で言えば、地方や郊外はより公器です。ですから、行政もM＆Aをタブー視せずにむしろ行政や地域の医師会が主導して何らかの指針を示すべき時期に差し掛かっているように思いますし、いずれ示されると思います。

一般事業会社の事業承継は、雇用の確保であったり、技術の承継であったりと国を挙げて事業承継を必死に支援していますが、そういう意味で言えば、医療機関だって同じですよね。

まあ、行政はやっぱりM＆Aという言葉は嫌がるし、基本的には存在しないというスタンスは継続されるのでしょうが、そのようなことはお構いなしに実務はぐいぐい進んでいくのだと思います。

第5章　後継者がいない場合──②
廃業・解散

解散するにも都道府県知事の認可が必要

少し事業承継とは離れるかもしれませんが、後継者がいない場合の廃業や解散についても触れておきます。

個人病医院の場合には、保健所に診療所や病院の廃止届を届け出ることで事業廃止です。一方で、医療法人の場合には、個人病医院と同じように保健所に廃止届を届け出ることで施設を廃止するとともに医療法人を解散する手続が必要になります。

診療所や病院といった医療施設の廃止は保健所に対して廃止届を届け出るだけで手続は完結しますが、医療法人を解散させる場合には都道府県知事の認可を要します。つまり、都道府県知事に対して、解散認可申請という手続が必要なんですね。

そういった行政手続のほかにも、廃業や解散はなかなか簡単ではありません。患者さんもいるという中で、患者さんの診療が継続できるように丁寧に案内したり、どこか他の医療施設をご紹介したりという残務も大変です。

医療法人の解散

社団医療法人を解散する場合には、前述のとおり、原則として都道府県知事の認可が必要とされます。

それに加えて、持分の定めのある社団医療法人であれば残余財産の分配手続が、持分の定めのない社団医療法人であれば基金の返還及び残余財産の国等への帰属手続が、財団医療法人であれば残余財産の国等への帰属手続がそれぞれ必要とされます。

これらの手続は、解散する医療法人に残余財産があることが前提となりますが、その前に金融機関や取引先などの債権者、税金や社会保険料などを支払って、スタッフや役員への退職金を支払って、それでも医療法人に資産が残るのであれば、それが残余財産ですので分配又は帰属の手続となります。

医療法人格のやり取り

繰り返しですが、平成19年4月以降、社団医療法人については持分の定めのないものが標準となりました。つまり、持分の定めのある社団医療法人の設立はできなくなったわけです。

しかしながら、今現在でも持分の定めのある社団医療法人のニーズは潜在的に高いものがあります。そのため、持分の定めのある社団医療法人が解散するとなった場合に今まで運営していた施設を廃止し、その法人内の資産を空っぽにした上で、いわゆる医療法人格だけを買い取り、そこに新規施設を開設するというやり取りが行われることもあります。

この場合、都道府県に対して定款変更認可申請や役員変更届の提出が必要となりますが、このようなやり取りの場合には、都道府県側も相当厳しく審査しますし、場合によっては認可を出さないといわれる場合もあります。まあ、はっきり言えば、医療法人格の売買ですから、都道府県としては認めたくないのが本音だと思います。

私の事務所でも実際に認可取得をお手伝いしたこともありますが、将来的には好ましくないものとして認可されないケースもますます増えてくると思いますし、やっぱり制度としてこのようなやり取りは想定されていませんから、持分の定めのある社団医療法人を譲る側も買い取る側もこのようなやり取りを行うか否かは慎重に判断すべきと考えます。

廃院・解散する場合の留意点

いざ廃院・解散する場合には、その前に留意しなければならない点があります。

まずは、スタッフの処遇です。スタッフは廃院や解散に伴い退職せざるを得ないので、その後のスタッフの転職活動などを考慮し、前もって告知することや退職金又は退職金見合いのものを支給するなど誠実な対応が求められます。一緒に頑張ってきてくれたスタッフですから、しっかり丁寧に対応すべきですよね。

もちろん、患者への対応も重要です。継続して診察を受けてくれている、いわゆるかかりつけの患者さんについては、診療が継続できるように近隣の他院への紹介など丁寧に対応する必要があります。

この点、病院の閉鎖の場合には大変です。病院の場合には、閉院が決まったら新規の入院を受け入れることなく、最後まで入院している患者を1人残さず転院を促さなければなりません。その間、閉院に向けて新規の入院を受け入れませんから徐々に入院患者数が減っていきます。その間も人件費等の経費は発生しますからそういった撤退費用の見積もりが重要になります。現実的は病院の閉院は難しいということがお分かり頂けると思います。

その他、カルテやレントゲンフィルムなどについても保管義務がありますので、どのように保管するのか、患者さんから問い合わせがあった場合の連絡窓口をどうするのかなどを決めておく必要があります。

テナント（不動産賃借）の場合

テナント（不動産賃借）で経営している場合、一般的にはクリニックの場合になりますが、廃院に伴い不動産賃貸借契約を解除することになりますね。通常、契約解除の際には、内装などを元に戻して不動産オーナーにお返しすることになります。

この元に戻すというのがなかなか問題でして、医療機関の場合はレントゲン室など特殊な内装があり、それを取り壊すための原状回復工事に想定以上のコストが発生する場合が多いのです。一般的には不動産賃貸借に伴い保証金を差し入れており、賃貸借契約解除の際には原状回復工事にかかった費用を保証金から控除した金額が返還されることになりますが、原状回復工事が保証金を大きく超えてしまい、結果として、廃院するために大きな費用負担が発生するということになりかねません。

こうなると譲渡対価はある程度我慢するから、不動産賃貸借契約を継続してもらってクリニックを内装ごと引き継いでもらった方が良いという判断になる場合があります。前述のM＆Aですね。このような場合は、売り手からすれば、原状回復の必要はなくなり、保証金が戻ってきますから、譲渡対価で妥協しても余計なコストをかけて廃院するよりはよっぽど良いということになりますよね。最近、不動産賃貸借契約の解約に伴って生ずる思わぬ負担、保証金が戻らないとか保証金以上に費用がかかるとかがきっかけとなってＭ＆Ａを希望するというご相談が増えています。

矯正歯科の問題

私の経験で特に廃業が難しいなあと感じたケースに矯正歯科の廃業があります。

実は、矯正歯科って簡単に廃業できないんですね。

矯正歯科は、その商習慣として、診療費のほとんどを最初に受け取ることが多いんですね。矯正歯科の治療は、概ね2年から3年かかりますが、診療費のほとんど全額を最初に受け取ります。

ですから、いざ廃業となった場合には、新規の患者を受けるのをやめて、その時点で治療中の患者さんにつき最後まで面倒を見る期間が生じます。つまり、新規患者の獲得がありませんので、診療費の入金がない中で、もちろん従業員の給与や家賃の支払いをしながら、最後まで患者さんを診るという時期が必要になるんです。

◉矯正歯科のM&A

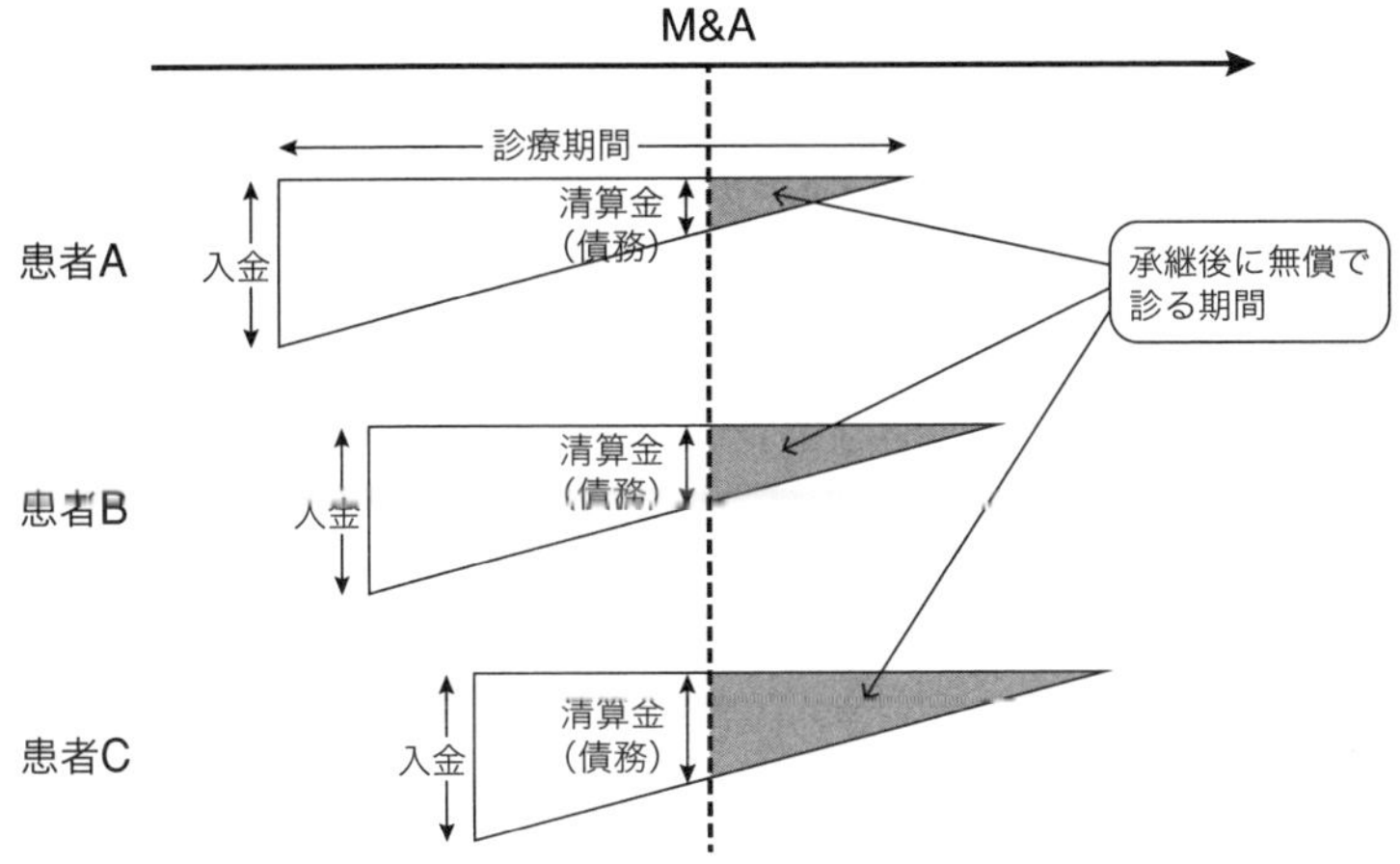

治療は2〜3年ほどかかるが、診療費のほぼ全額を最初に一括で受領する
➡常に清算金（未治療部分の治療費の返金）を抱えている
➡M&Aによる承継後に無償で診察する必要のある患者を抱えることになる

この商慣習は廃業だけでなくM＆Aの場合にも大きな影響を及ぼします。たとえば、治療が始まっている患者さんが4人いる状態でM＆Aをする場合、これらの患者さんについては、診療費のほとんどを売り手が既に受け取っていますから、買い手としてはいわばただ働きの期間が出てきてしまうんですね。まあ、通常は承継対価で調整することになりますが、患者さん一人一人の治療の進捗状況を正確に把握するのはなかなか大変ですし、残りの治療期間のリスクも分からないので、やっぱり簡単なことではないんですね。

そのため、廃業やM＆Aを検討するのであれば、どこかのタイミングで治療費の前受をやめて、進捗に応じた受け取りに変えて、廃業やM＆Aに備える必要があります。

進捗に応じた受け取りに変えるなどの備えを怠った状況でいざM＆Aとなった場合には、通常は、承継対価で調整することになりますが、承継させる側、つまり売り手は単純に「いや、うちのクリニックは売上1億円はコンスタントに計上できるし、利益だってこれぐらい出ているから○○円が希望だ」みたいな話をされます。まあ、治療費の先取り、M＆Aを決めた時点で治療を始めている患者さんのアフターフォロー、つまり、承継する側が負わなければならない負担については一切の考慮なしに希望価格をおっしゃるんです。

承継する側にとっては、患者さんのアフターフォロー部分は隠れ債務といっても過言ではないですよね。その点を考慮して承継対価を調整していかないと矯正歯科のM＆Aはなかなか成立しないのだろうなって思っています。

これから、恐らく、矯正歯科の世代交代期が訪れると思いますが、私自身はこの商習慣が廃業や承継に影響を及ぼすことは間違いないと危惧しているところです。

著者紹介

鈴木　克己（すずき・かつみ）
昭和46年生まれ、税理士。鈴木克己税理士事務所代表。

平成６年３月　明治大学政治経済学部政治学科卒業
平成11年９月　大手会計事務所入所
平成13年11月　税理士登録
平成26年１月　鈴木克己税理士事務所を設立
その他、平成14年１月～12月には日本医師会総合政策研究機構・経営分析センターに研究員として出向。

主に医師、医療法人を中心とした税務、医業承継コンサルティング、M&A等の支援、公益財団法人等の非営利法人に対する支援を得意とする。
主な著書に「Q&A医療法人制度の実務と税務」「Q&A医療機関M&Aの実務と税務」（財経詳報社）。

著者との契約により検印省略

令和２年３月１日　初　版　発　行

金融機関担当者のための
病医院の
事業承継とM&A講座

著　　者　鈴　木　克　己
発 行 者　大　坪　克　行
印 刷 所　株 式 会 社 技 秀 堂
製 本 所　牧製本印刷株式会社

発 行 所　〒161-0033 東京都新宿区
下落合２丁目５番13号　株式会社 税務経理協会
振　替 00190-2-187408　電話 (03)3953-3301（編集部）
ＦＡＸ (03)3565-3391　(03)3953-3325（営業部）
URL　http://www.zeikei.co.jp/
乱丁・落丁の場合は，お取替えいたします。

ISBN978-4-419-06669-7　C3034